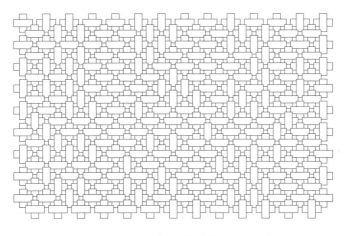

マルクスが日本に生まれていたら

出光佐三

JN259192

講談社+α文庫

新版刊行にあたって

本書は一九六六年（昭和四十一年）に公刊された、出光佐三の思想・哲学を記した書である。出光佐三（一八八五～一九八一）は石油会社、出光興産の創業者である。

一九六六年当時、出光興産の社長室メンバーは、出光の経営のあり方を考える材料としてカール・マルクス（一八一八～八三）を研究し、その結果を元に社長である出光佐三と共に勉強会を実施した。

本書は、その勉強会の記録をまとめたものであり、社長室メンバーの質問に佐三が答える形でまとめられている。「人間解放」「歴史と社会」「経済と経営」「道徳と宗教」といった幅広いテーマでの問答が展開されており、佐三が出光興産の経営で具現化してきた哲学の根本が窺《うかが》える内容となっている。

研究を開始して社長室メンバーは、マルクスと出光佐三は、思想の出発点と理想とする到達点が同じであることに気づいた。

〈出発点〉マルクスは資本家階級の搾取《さくしゅ》への反対が出発点であった。出光佐三も学生時代、大阪の金持ち（成金）のあり方に反発し、「黄金の奴隷たるなかれ」と叫んで歩み始めた。

〈到達点〉マルクスは搾取のない、人間が人間らしく生活できる社会を目標とした。出光佐三も人間が中心となって仲よく助け合い、その団結した力で平和に暮らす社会を目指した。

ところが、両者がその理想に到達するために描いた筋道は、全く異なるものであった。マルクスは理想の実現のためには階級的対立闘争が不可避であると考えたのに対し、出光佐三は人類愛の上に立った互譲互助、和の道を唱導した。本書はこの違いの真意を、様々な角度の問答により探求した記録である。

読者の皆様にはご承知の方も多いと思うが、出光佐三は百田尚樹氏の小説『海賊とよばれた男』の主人公、国岡鐵造のモデルとなった人物である。『海賊とよばれた男』は本屋大賞２０１３を受賞した。出光佐三の生き方が書店の皆様に「最も読んで欲しい本」として選ばれたことは、出光の一員としてたいへん光栄なことである。今般、『マルクスが日本に生まれていたら』の新版刊行にあたっては、この『海賊とよばれた男』が大いに影響している。特に、下巻、三三八頁（文庫版下巻、四〇七頁）にある次の記述の影響が大きかった。

八十歳を越えてからマルクスを真剣に研究した。「資本論」その他、多くの著作を読み、さらに経済学者を招いて、まるで学生のように真剣に講義を受けた。このときの勉強会の記録は、後に「マルクスが日本に生まれていたら」という題名で小冊子にまとめられ、国岡商店の社員のために配られた。（中略）面白いことに、社外からもこの本を希望する者が後を絶たず、加筆訂正されて商業出版された。

『海賊とよばれた男』を読まれた多くの方が、インターネット等で『マルクスが日本に生まれていたら』が実在した書籍であることを知り、書店を探しても見つからないため、出光興産に問い合せて来られた。出光興産でも若干の在庫を所持するだけの状況のため、今回あらたに旧版の出版社である春秋社から新版として刊行することとなった次第である。

出光佐三が世を去って三十余年となるが、出光興産の社員は現在でも、佐三が掲げた「人間尊重」の経営理念を行動規範としている。本書をお読み頂いた方が、「海賊とよばれた」佐三の思想・哲学に共感して頂き、社会のあり方やご自身の生き方を考える一助として頂けたら幸甚の至りである。

出光興産　人事部

平成二十五年七月

目次

マルクスが日本に生まれていたら

新版刊行にあたって　3

序論　なぜマルクスをとり上げるのか

1 「示唆を与える」ということについて　15
2 いかなる理由で四十年前に「共産主義のよいところは採れ」と言ったのか　19
3 「資本主義・社会主義・共産主義は外国にお返ししよう」ということの意味　39

一　平和にしあわせに暮らす社会とは具体的にどんな社会か

4 福祉と自由競争について　43
5 マルクスと出光の人間観の相違　47

6　日本の家族主義について　57
7　マルクスと出光の相違をもたらしたものは、なにか　63
8　「物の国」化した現在の日本を、いかにして本来の姿に引きもどすか　71
9　青年とマルクス主義　76

二　人間解放の道

10　出光はいかにして人間疎外から脱却しているか　81
11　出光には資本家の搾取がなくて、全員が経営者である　85
12　組織は心の中にある　86
13　対立のない経営　90
14　尊重すべき人間は愛情と鍛練によって育つ　94
15　出光の七不思議　96
16　マルクスの目指すものが、出光の事業経営の中に実現されている　107

17 社会構造の改革が先か、人間育成が先か 111

三 歴史と社会

18 マルクスの弁証法的唯物論について 113
19 唯物史観と日本の歴史 138
20 資本主義のあとに来る社会はどんな社会か 144

四 経済と経営

21 資本主義経済では搾取はなくならないか 147
22 マルクスは、企業利潤は労働力の搾取から生まれるというが…… 151
23 資本家は変わったか 156
24 資本主義経済における恐慌とか失業などは、どのようにして克服するか 158

25 生産手段の国有は是か非か 164

五 労働観と貧乏論

26 労働力は商品か 167
27 資本主義社会では、愉快な真の労働はありえないか 170
28 労働組合運動をいかに評価するか 174
29 貧乏は社会の仕組みの問題か、心掛けの問題か 176

六 道徳と宗教

30 資本主義社会には超階級的思想はありえないのか 181
31 道徳は時代や社会とともに変化するのか 185
32 主義の奴隷になるな 192

33 互譲互助や和などは資本家のかくれみのか 195
34 宗教は阿片か 197
35 マルクス主義と私の全体主義 203

七 マルクスと私

36 マルクスの二人の娘の質問 207
37 マルクスの霊前への報告 208
結び——マルクスの功罪と日本人の使命 212

マルクスが日本に生まれていたら

序論　なぜマルクスをとり上げるのか

1　「示唆を与える」ということについて

質問　店主は、いろいろな場合に示唆とか、示唆を与えるという言葉を使われています。おそらく、いまからの質疑応答の中にも、示唆という言葉が出てくると思いますが、これはいったい、どういうことでしょうか。

出光　この示唆という言葉は戦時中に出来たんだ。軍が戦時統制の名のもとに、組織・機構・法律のみに頼って人の真の力を無視した行き方をした。これはたくさんの人を要して、しかも非能率な行き方で、いわゆる烏合《うごう》の衆、力の弱いものなんだ。これに対して出光は、人間中心、和の精神にもとづく少数精鋭主義の簡素強力な行き方を主張したのである。そして、だいたい同量の石油を扱っていた満州では専売制がしかれ、北支では各種の委員会、共同販売会社が出来て二百人以上の人数が配置されたのに対し、出光にまかされた中支ではわずか三人で上部の統制業務をやってのけた。こういう三つの極端に違った形が出来た。

こういう事実を見て、出光社内に出来たのが、「出光は石油配給という些事《さじ》をやっているのではない。出光の真の目的は、人間が真に働く姿を現わして国家・社会に示唆を与えることにある」というあの言葉だ。つまりこの示唆という言葉は、軍の非能率を戒めたことがきっかけとなって出来た言葉だ。そしてその後、人間の真に働く姿をもって示唆を与えるということがいつとはなしに出光の精神的な信念となってしまっている。ぼくがあらゆる機会をとらえてこの言葉を使うのも、そういうことからだ。

ところで、いまの世界は対立闘争して行き詰まってしまって、核爆発によっていつ全滅するかわからないというところまで追いこまれてしまっている。これを救うものは日本の和の精神、相寄り相助ける精神以外にはない。そこに出光が、小さいながらも、創業以来五十五年間、日本人として相寄り相助ける道を忠実に歩いてきて、和の姿が出来上がっているように思うから、この姿をますます磨きあげて、世界の平和・人類の福祉のあり方に対して示唆を与えなければならない。しかし肝心《かんじん》の日本がいま外国色に塗りつぶされて、対立闘争のはげしい社会になっているから、まず日本人に対して示唆を与えなければならない。そして産業界のみならず、政治、教育などすべての方面に和の姿をつくって、日本全体が和の姿にもどり、その姿をもって対立闘争している世界に示唆を与えるようになってほしいというのが、ぼくの希望だ。

質問　店主は、世界の平和・人類の福祉を達成するために、日本の和の精神を説かれるわけですが、日本人自身が対立闘争している今日の状況では、店主の言葉も一般には抽象的に聞こえて理解しにくいのではないかと思います。もう少し具体的に、どういう意味で言っておられるのかをお話しください。

出光　ぼくは最近「知るところを忘れて行なうところを知る」（「忘知而知行」）ということを言っているが、ぼくの一生は、知ることを忘れてただ実行してきたということがいえるのじゃないかと思う。いまの人はあまりに過去の知識、自分の学んだことにとらわれてしまって、平和に仲良く暮らすという、人間の本質を忘れてしまっている。そこに今日の世界の行き詰まりと混乱の源があるように思うが、どうかね。

今日の世界は昔と極端に変わっているんだよ。ということは、交通のスピード・アップによって世界は時間的に狭くなってしまい、昔の武蔵の国一国ぐらいのところに百以上の異民族が雑居している形だ。対立闘争してうまく行くはずがない。仲良く平和に暮らすということだけを中心に考えて行かねばならない時代になっている。

この「世界が変わった」という事実を前提として考えずに、過去の知識や自分の学んだことのみにとらわれて対立していて、平和が来るはずがないよ。だから極端に言えば、過去の時代に人間が考えた思想、主義、哲学、宗教などの既成概念を一度捨ててしまい、水に流してしまって、今日の時点であらたに考えなおす必要があると思うね。

いまの日本人も、資本主義とか、社会主義・共産主義など一度忘れてしまって、平和に仲良く暮らすにはどうすればよいかということを白紙に還って考えてみるとよい。そうすればそこに日本の三千年の平和の歴史が浮かび出てくる。

以上のことは抽象論ではなくて、ぼくが五十五年間実際に実行してきたことなんだ。明治四十四年、出光商会創業のときに〝黄金の奴隷になるな〟と言ったが、これは資本家の搾取を戒めたのである。しかし同時に、自由競争によって能率を発揮するという資本主義のいいところは採《と》ってきた。それからぼくは、いかなる場合にも従業員の立場を尊重してきた。これは社会主義のいいところを採り入れているということだが、他方において、国営の非能率は戒《いまし》めて、社会主義の弱点、誤りは採らなかった。次に、創業後十数年を経たころ、いまから四十数年前だが、共産主義が日本に入ってきた。そのときにぼくは、共産主義のいいところは採って悪いところは捨てよ、と言っている。それは、働く人の立場を尊重することは認めるが、人間を平等なものと考えることには反対したということだ。人間の行為には善悪、勤怠、強弱等々の差がある。それを平等に見るということは人間を否定することと同じだ。人間は、人情を加えて公平に扱わねばならない。ぼくはつねに働く人を尊重すると同時に、公平に処遇してきた。

こうして創業後十五年ほど経ったころには、出光は資本主義・社会主義・共産主義などという知識は忘れて、そのいいところを実行しておったということだ。以後今日までずっと出光は、その行き方をつづけているわけだ。そしてこの行き方が絶対誤りがないという確信をもつに至っている。ぼくの言うことは、けっして抽象的に頭の中だけで考えて言っているのではなくて、そういう体験から出ているんだ。

2　いかなる理由で四十年前に「共産主義のよいところは採れ」と言ったのか

質問　最初になぜ、こういうようなテーマをとり上げたか、ということについて、ちょっと述べてみます。およそ主義とか思想とかいわれるものが、ひとしく目指すものは人間の福祉・幸福であり、人間社会の平和ということだろうと思います。マルクスの共産主義思想も、店主の人間尊重の思想も、よりよい人間社会を目標としている点で、志をひとしくしているのではないか、と私たちは思っています。ところが、その思想から生み出された結果はどうかというと、私たちの出光興産は、人間尊重のもとに皆が仲良く愉快に働く大家族集団をつくり出しているが、一方のマルクスの共産主義思想は、世界の至るところに緊張、対立、闘争という姿をかもし出している。同じ人間社会の平和と幸福を願って出発した二つの思想が、結果において、どうしてこんなに極端に違った姿をもたらしたのか、ということが私たちの日ごろから抱いている疑問です。

今日の世界を見ますと、マルクスの共産主義思想を信奉する国は、現実に世界の三分の一を占めている。しかも自由世界の国々においてさえ共産主義・社会主義という思想は、非常に根強い勢力をもっているように思われます。敗戦によって外国色に塗りつぶされた日本も、その例外ではないように思います。このような現実を見るとき、マルクスの共産主義思想は、或る意味では、今日に生きるすべての人が、なんらかの形で対決を迫られている問題ではないかと思います。

ところで店主は、すでに今から四十年前に、共産主義に対して、はっきりした態度をとられている。すなわち、単に共産主義を否定するのではなく、「いいところは採れ、ただ、日本の皇室・国体を否定する点は不倶戴天《ふぐたいてん》の仇である」と言っておられる。そして実際に出光興産という事業経営の中で、共産主義の長所は生かし、またその欠点を克服してきておられます。

これまでもマルクスを批判した人々はいろいろありましたが、それはすべて、ただの議論にすぎなかったようです。店主の場合は、事実でもって回答を与えられているように思われます。

そこで私たちは、マルクスの思想の基本的な問題点をとり出し、それに対する店主の回答を引き出し、そこから多くのものを学びとり、またマルクスの思想をいかに解釈し、それにどのように対処して行くか、ということをいろいろ考えたいと思います。八十年の人生経験と五十五年の事業体験をもとにして出される、この店主の回答は、われわれ社内の者に対してのみでなく、一般の人々にもぜひ聴いていただきたいと思っております。

出光　ぼくは異論があるんだが、マルクスに現在の世界の混乱の責任を全部押しつけるのは、賛成できんな。マルクスがああいうことを言い出した原因は、資本家の搾取にある。資本家の搾取がなかったならば、マルクスもあんなことは言わなかっただろうと思う。

ぼくも学生時代、大阪で金持が金の奴隷になっている姿を見なかったならば、「黄金の奴隷になるな」というようなことを言って出発はしなかったろうと思うんだ。君らの言い分だと、なんだかマルクスが対立闘争をつくったように言っているけれども、そうじゃない。マルクスがああいうことを言い出したのには、それだけの理由があった。マルクスは、結果においては対立闘争を招いたけれども、狙っていたところは、資本家の搾取をなくそうというところにあった。また事実、今日では資本家も目ざめて、自らのあり方を変えてきた。その意味においては、マルクスも非常な功績があったのではないかと思う。マルクスの目指す目標が悪いということじゃないんだ。マルクスだけを責めちゃいけない。動機と目標という点では、マルクスとぼくは同じことじゃないかね。

ただマルクスは「物の国」に生まれたから、物の分配をめぐって対立闘争する道を歩かせられたということであるし、ぼくは「人の国」に生まれたから、物に関してはぜいたくを戒めて、お互いに手を握り合って仲良くするという互譲互助の道を歩かせられたと、このようにぼくは思うな。どちらも資本家の搾取と、金持が金の奴隷になっている姿というものが、出発点であった。それらに対してマルクスもたたかい、ぼくもたたかったということじゃないかな。だからその意味で、マルクスを責めるなら、ぼくも責めよ。（笑）

質問　そこで私たちが非常に注目したいことは、さっき言ったように、店主は、共産主義に対してすでに四十年前に、はっきりした考え方というか、態度をもっておられた点です。その資料を古い順に拾ってみますと、大正十四年にこういうことを言っておられます。

台湾行蓬萊丸船中にて（大正十四年九月）

欧米における共存共栄は、ついに論議に尽きて、ついにロシアの共産主義を生んだ。世界を脅威する労農政府が〇〇（日本）を赤化しうるかが問題になった。学者は盛んに論議し、政府はこれが防止に血眼である。滑稽である。論ずるものも阻止するものも、自国の本体を究めていない。自分を信じえない。自分で自分がわからない。自信力を失ってうろうろしている。滑稽ではあるまいか。共産主義は西洋道徳の沃土《よくど》に培《つちか》わるべきもので、わが国道徳の上には発芽しえないのである、移植しえないものである、という自信が欠けている。(『人間尊重五十年』五七ページ)

次に昭和十五年九月にはこういう文章があります。

人間尊重をわれわれの金科玉条とせよ(紀元二千六百年を迎えて)

先年、共産主義者続出の際、一時社会に動揺を来たしたことがある。当時私は店員に話したのであります。「いかなる主義も必ず、ある部分真理を有し美点をもっている。これらは日本の偉大なる国体に咀嚼《そしやく》され日本国の栄養となり、日本の国体に包容せられて真の発達をなす、仏教しかり、儒教しかり、芸術文化しかりである、われわれは国民の一員として、外来の何ものをも咀嚼、摂取して国家の発達、国威伸張の資料とするだけの準備をしておけばよい。それには個人として切磋《せつさ》琢磨《たくま》、国民として修養しておけばよいので、実力ある国民の要らないはずはない。自己を信じて迷うべからず」と説いたのであります。(『人間尊重五十年』一一七~一一八ページ)

それから昭和二十二年一月十五日詔書奉読式のときの訓辞の中で、こう言われています。

如何橋流而水不流

二十数年前、共産主義が流行して国民は非常に心配した時代があった。出光商会の人々も大いに国を案じて、共産主義と出光との関係について質問が出たことがある。私は即座に答えた。出光は人間尊重であり人間中心である。一人一人が立派で、これが団結して国家、社会のために働く、人間が中心となって万事を解決する、ということは政治機構がどうであろうと、社会制度がどうであろうと、いかなる場合でも喜ばれることである。すべてを超越しておる。人間がしっかりしていることが悪い時代など、永久にありうべからざることである。人間中心が国家、社会の機構の根幹である。諸君はこの根本を見きわめて現代の世相に少しも迷うことはない。あわてることはない。国体を否定する限り共産主義は絶対にわれわれの不倶戴天の敵であるが、これ以外には人間が中心となって共産主義の良いところを吸収すればよい。この咀嚼こそは日本の歴史である。われわれはしっかりさえしていれば、共産主義の良いところも、資本主義の特長も、社会主義の長所も自然に吸収し、反面にそれらの欠点短所を排除して、人間中心の真相を発揮しうる、国家社会の平和と幸福を招来しうるのである、しっかりと自信力をもて、と言ったことがある。（『人間尊重五十年』三四九〜三五〇ページ）

他にまだありますが、そこでお聞きしたいことは、四十五、六年前、大正十年ごろ共産主義が蔓延して、国内に非常な社会的不安と動揺を来たしたときに、店主は、「いかなる主義も部分的には真理と美点をもっておるものだ。共産主義にも必ずよいところがあるはずだから、それを採ればよろしい。しかし日本人の生命よりも大事な国体、皇室を否定する共産主義は不俱戴天の仇である」と言って、共産主義を頭から排斥《はいせき》するような態度をとっておられません。このことは、当時、政府をはじめ一般国民が共産主義に対して非常に恐れ憎んでいた態度とは、きわめて対照的であると思われます。店主が「共産主義にびくびくするな。いいところは採れ」と言われた当時の状況とか、それに対する確固とした自信、信念の根拠についてまずお話しください。

出光　ぼくの学生時代にはマルクスの本もなかったし、共産主義については詳しいことは知らなかった。だからその当時、共産主義にもよいところがあるから採れと言ったのは、なにも共産主義を研究して言ったんじゃないんだ。ただぼくは、神戸高商時代に内池廉吉先生が、講義ではなくて簡単なスピーチで、生産者から消費者へという商人の社会性を話されたのを聞いて、これだというわけで先生の教えをとり上げ、実行に移しているだろう。そういう経験をぼくはもっているので、共産主義も主義である以上、必ずなにかよいものがあるはずだと思って、頭から排斥しなかったわけだ。そしてぼくが「黄金の奴隷になるな」と言ってやってきたことが、偶然にも共産主義のよいところと一致していたということだ。

だから今から思えば、ぼくはあのとき、頭から排斥しなくてよかったと思うね。ぼくは大阪の金持のあり方に反対して出発したのだから、もしぼくが学生時代に共産主義の書物を読んでマルクスを知っていたら、あるいは共産主義に共鳴して、共産主義者になっていたかもしれないよ。ただ、ぼくの場合は幼少から育った地方、家庭、それから学生時代と、いずれも人間性を尊重した温かい雰囲気に恵まれて、日本国民としての誇りをもっていたので、共産主義者にはならなかったが、ぼくが普通に育っていたならば、どうなったかわからんよ。

そこで、まず、ぼくの生い立ちを簡単に話すが、マルクスの生い立ちと比べて相当違うんじゃないかと思う。ぼくは福岡県の宗像《むなかた》という所に生まれたが、そこには宗像神社という国民の祖神と仰がれる格の高い神様が祭られておる。そこは非常に醇風《じゅんぷう》美俗の地方風をもった土地で、昔から小学校の名校長を出すので有名だった。これは神徳のお蔭だということを子供心に聞かされながら、ぼくたちは育った。ところが一方、醇風美俗のその地方にも、世間から爪はじきされるような悪い人が五、六人おって、法律をタテにとって善良な人たちをいじめていた。そんな姿を見て、ぼくは子供心にも嫌な気がしていたことを覚えている。

一例をとれば、ぼくは子供のとき、法念寺というお寺にしょっちゅう遊びに行っていたが、そこで、おばあさんなんかの年寄りが集まって、何々講というのを親睦のためにやっていた。或《あ》るとき、そこに或る人が来て、なんで私が親孝行せにゃならんのかというようなことを言った。おばあさんたちが日ごろその人をきらっていたから、なにか嫌がらせにきて言ったんだろうね。親が勝手に生んだんじゃないかというようなことを言った。そのとき、ぼくは理屈もなにもわからないが、子供心に、この人はなんという人か、親孝行を否定するというのは、なんという人だ、と思ったことがある。そういう人は、なんかといえば法律や屁理屈をタテにとって横車を押すんだな。

いわゆる三百代言的な行き方で、堂々たる主張でもなければ筋も通っていない。そして、あれが外国の自由思想・権利思想の人だよと聞いていたので、外国思想の悪い点のみを見せつけられたわけだね。そこで外国の自由思想・権利思想というものは悪い、ということを深く頭に植えつけられてしまった。こうして子供のときに、日本のよさを教えられると同時に、外国思想のいいところは見せられず、悪いところを見せられて育った。それがぼくにとっては非常によかったと思っている。これはぼくに対する郷里の非常な恵みだった。

それからぼくの家庭が非常によかった。どこがいいかといえば、ぼくの両親は一生懸命働いてぜいたくを非常につつしんで、そして人に施《ほどこ》すことは厚かった。ぼくたち子供も、ぜいたくをしたら非常に叱《しか》られた。そして一方では、一生懸命働くことを教えられ、怠《なま》けたりなんかすると、とてもやかましく言われた。八十歳の現在でも母を想い出すときは、働いている母の姿が出てくるんだよ。ぜいたくをつつしみながら一生懸命働く、ということは、ぼくの一生の基礎をつくった。これはぼくに対する両親の非常な恵みだったと思っている。

それから神戸の高等商業に行ったわけだが、そこで水島銕也《てつや》校長が家族温情主義を唱えられて、学生や若い先生方を実子のように指導されているのを見て、人間は愛によって育つということを教えられた。また内池先生には、事業は金儲けではないということ、その当時としては画期的な教えを受けた。というのは、そのころは商売は金さえ儲ければよいという風潮があって、金儲けのために、義理とか人情を交じえるのは邪道とされ、人に迷惑をかけようが、自分の人格を落とそうが、そんなことは平気だった。投機・買い占めをして、売り惜しんで金を儲ける、そういうチャンスをとらえる人が偉いんだということになっていたから、投機業者が事業家でいちばん偉いことになっていた。そういう時代に、内池先生が事業の社会性という画期的なことを教えられ、ぼくはそれを聞いて、これこそ自分の進むべき道だと決めたんだ。創業以来の出光の消費者本位とか大地域小売業などは、それなんだ。

それから学校を出て、二年間丁稚《でっち》奉公をしている。当時、神戸の高商を出て丁稚奉公するなどということは異例のことで、同窓生からは、けしからん、学校の面汚しだと言われて罵詈《ばり》讒謗《ざんぼう》されたものである。しかし、これはなにも深い理屈とか理論などからではなく、何事も小さいことからやっておかなければ、という簡単な考えからやったんだが、今から思えば、学問や理論の奴隷になっていなかった、ということではなかったかな。

丁稚奉公をしているうちに、郷里の実家が商売で行き詰まったので、なんとか早く独立しようと思っていたときに、学生時代から懇意にしていた淡路の日田重太郎さんという人が、自分の別荘を売って、当時の金で六千円を与えられた。そのときの日田さんの言葉は「この金は貸すのではなくて、やるんだ。したがって利子もいらなければ、営業報告もいらない。家族兄弟仲良くして自分の信念を貫け」ということであった。そして「金を貰ったことを他言するな」とつけ加えられた。これは、いわゆる東洋の陰徳の教えであり、ぼくの人生に対する非常に大きな教訓となった。

こういうふうに、ぼくは非常に恵まれて育ってきたわけだが、この日田さんから貰った金をもって、明治四十四年六月（五十五年前）、門司に出光商会を開いた。そこでぼくがまず考えたことは、出光商会も皆が仲良くして、お互いに助け合っていくような店にしたいということだった。まず丁稚を雇うときに、学校出の人はこないから、素質は非常にいいが家庭の事情で上級の学校に行けない子供を採ることにした。そのときお母さんがいっしょにこられて「どうかこの子を頼みます」と言われたとき、ぼくは「このお母さんに代わって、この子を育てよう」と思った。そして、あらゆる機会にあらゆる方法をとって子供を育ててきた。子供がなにか難関にぶつかってやめようとしても、やめさせたら、その子供は一生、落後者になるから、愛情をもってやめさせなかった。このやめさせないということが、今では首を切らない、定年制がない、ということになっている。マルクスの言うような「搾取する」などという考えは毛頭なく、なんとかして助けて育てていこうと考えていた。そのころは、いったんやりかけたことをやめた人は落後者であった。やりかけたことは、事の如何を問わず、終始一貫やり通さなければならないという考えが一般にあった。このやめさせないということが「人の世界」のあり方であるが、「物の世界」では有利なところがあれば、転々として移って行く。そこに「人の世界」と「物の世界」との根本的な相違があるように思うね。

以来、出光は大家族主義で皆が仲良く助け合っていく、ということが店の方針となり店風にもなってきたのである。

そういうことで、ずっときている間に、やはり日本の道徳、伝統、人を中心として一致団結していく方法がよいのだ、ということをはっきりと認識した。だから、ぼくが創業十周年のときに言った言葉が『人間尊重五十年』にあるだろう。あれを読んでみると、「一生この方針でいいんだ。十年の間に、人間が中心であって、人間本位であれば間違いないという将来の羅針盤が出来た。迷うな」ということを言っている。

創業十周年記念日を迎えて（大正十年）

明治四十四年六月二十日、門司において、出光商会は創業の声を挙げ、星霜を経ること、ここに十年、大正十年六月二十日をもって創業十周年記念を迎うること、一同の同慶とするところなり。

回顧すれば、十年の長年月も白駒過隙《はっくかげき》の一瞬なれども、創業の時代としては、努力、辛酸の長時日にして、忘れんとして忘るあたわざる追憶の対象にして、またもって来たるべき十年の羅針盤たるべきなり。この意義あるめでたき日を記念すべく、内に店員奨励配当金および記念品の分配、外に取引先、関係先に対し記念品の贈呈をなすこととせり。

十年は財界の一転機にして、播種《はしゅ》に始まりて収穫に終わる。出光商会の創業たるや、日露戦争後の財界大悲況時にして、その後、世界大戦中の希有の活躍期を過ぎて今日にいたる。財界の一転機と創業十カ年とが一致せること、また偶然というべし。

吾人は過去において絶好の天候に浴して、確実なる収穫を得しといえども、その収穫たるや、突飛的破天荒ならざりき。隠忍苦闘の結果であり、粒々漸進の賜《たまもの》である。したがって天候の悪化とともに、貯蔵すべき設備なく、収穫物を風雨に曝《さら》し腐敗の惨状を免れたり。

漸進的なりし吾人の地は肥えたり、種子は富めり、経験は積みたり。吾人は将来に対し一大暗示を得たるものと言わざるべからず、吾人は来たるべき収穫を目的として大いに播かざるべからず、働かざるべからず、しかも播種は遠き獲物を目的として近き楽しみなし、倦むべからず。

過去十カ年の錬磨は、現下の思想動揺、風儀の廃頽《たいはい》に対して、いかなる耐圧力を示すや。今や吾人は試練の台上に立てるものと言わざるべからず。この好記念日に際して惑わず、萎縮せざる大自信力の発現を望むものなり。(『人間尊重五十年』五二〜五三ページ)

この字句の中に思想の動揺、風紀の退廃というのがあるが、これは今とは形は違うが、今以上の動揺だったよ。それに対して耐圧力をもっているというのは、人間中心の「和」の行き方、社会の中心が人間である、その人間がしっかりしていればなんでもないんだ、ということを十年間の実行の結果確信したんだね。言い換えれば、資本主義における資本家の搾取は否定するが、資本主義の能率的ないいところは、採っていく。社会主義・共産主義の働く大衆のためとか、社会全体のためとかというういいところは採って、社会主義・共産主義から出てくる非能率な国営や、人間平等論は採っていない。資本主義と社会主義・共産主義を咀嚼《そしやく》していたということだね。

そこで蓬莱丸の文章だが、あれは台湾に行く蓬莱丸船中で暇つぶしに書いたのだが、以前からそういう考えはあったんだ。日本の国体の偉さということについてだが、仏教というものは発祥の地インドに滅びて中国に来たけれども、ここでも真の発達はしなかった。今なら、中国は、征服と革命の続いた対立闘争の国であるから発達しなかった、と言うだろう。しかしそのときは、そういうことは言えなかった。そして日本に来たが、日本には千年前から平和の実体があった。ちょうど仏教が理想としているような実体が日本にあった。その平和の実体に仏教が抱かれて、日本ではじめて真の発達をした。仏教によって日本が出来たように錯覚している人がいるが、それは誤解もはなはだしいことである。仏教の理想とする土壌が、日本に千年も前からあったということなんだ。そこに仏教が移植されて芽を出し、日本の宗教の中心となり、日本を磨きあげた。両々相寄り相助けて発達したわけだ。

ところが、その仏教が日本に入ってきた時をみると、非常に混乱を来たしている。中には日本の国体を否定しようとするものまで現われた。弓削道鏡《ゆげのどうきよう》がそうだ。そういう仏教でさえも、いいところは採り入れて、日本の宗教の中心にしたというような、咀嚼力のある国民が日本民族なんだ。そういう日本民族、日本の歴史に対する自信というか、確信を以前からもっていたことと、出光商会が創業以来十年間、人間中心でやってきて、人間がしっかりしていれば何物をも恐れることはない、という信念が出来ていたから、蓬萊丸のああいう文章を書いたんだな。

ぼくは共産主義というものは、それまで研究したことはなかったが、主義を唱える人は真剣に考えて言い出したことだろうから、必ずいいところがあるに違いない、それを採れ。しかし人間中心の国、人間が中心でつくる社会、それが日本の国であるが、この日本の国体を乱すようなものは不倶戴天の仇である。しかし主義は咀嚼してよいところを採れ、ということなんだ。これは、われわれの祖先が仏教に対してとった態度と同じだね。

ぼくが戦時中、貴族院議員だったころだが、北京に行ったとき、向うの大臣級の人と話をしていた。そこに中国の新聞記者と日本の新聞記者が来ていたが、向うの新聞記者がこういうことを言った。日本は中国の弟子じゃないか。いろいろな学問や宗教の点においては、弟子じゃないか。その弟子のくせに、先生に弓を引くとは何事か。今と違ってそのころは、師弟の間というのは、「三尺さがって師の影を踏まず」といわれたほど厳格な時代だから、弟子のくせに先生に弓引くとは何事か、といって食ってかかってきたんだ。だからぼくは、先生は先生だけれども、先生の国は滅びているじゃないか、仏教もないじゃないか、芸術・美術品、みな、ないじゃないか。ところが、日本では平和の国体に抱かれて仏教が発達し、芸術も保存され、美術品も保護され、発達しているじゃないか。先生の国はなにもないじゃないか。もし日本の国体なかりせば君らの宗教・芸術・哲学というものはすべて滅びているじゃないか、と言ったんだ。そうしたら日本の新聞記者が、今までこういう質問に遇うと、グウの音も出なかったが、あなたは偉いことを言ってくれたと喜んでいた。これはかねてぼくがもっている、日本の国体はいかに偉大なものであるか、これが将来、世界の混乱を救うことができるのだ、という考えから出ているんだ。

質問　十周年記念の訓辞の中に、思想の動揺、風紀の退廃という言葉がありますし、蓬莱丸船中の文章にも、社会が不安動揺していると書かれていますが、そのころは、共産主義というのは仏教に匹敵するほどの影響力をもって浸透しつつあったわけでしょうかね。ちょうどそのころ、日本ではデモクラシーの運動が盛んとなり、大正十一年には日本共産党が結成されています。

出光　仏教渡来の時も大変なことだったろうと思うが、それ以上に当時は、日本が赤化されて皇室が危うくなる、というぐらいに言われたもんだよ。それで弾圧が加わったんだ。それは慌《あわ》てたもんだ。そうでなければ、あんな文書は書かんよ。

質問　共産主義とかマルクスという人間の名前とかを、はじめてお聞きになったのはいつごろですか。学生時代ですか。

出光　学生時代ではない。ぼくの記憶では、学校を出て十何年たって、共産主義が入ってきたように覚えている。だから学生時代は、社会主義も共産主義も勉強しておらんね。反対に、当時は一種の禅ブームみたいな時期だったので、禅僧の伝記などはもちろん、空海とか最澄とか親鸞とかの本が、そのころ二、三十冊出たんだ。それはほとんどみな読んだ。とくに高僧の伝記というものは熱心に読んだね。

質問　共産主義は明治三十年ごろからそろそろ入ってきたわけですけれども、明治四十三年のいわゆる「大逆事件」を、当時、店主はどう感じられましたか。

出光　ちょうど学校を出て丁稚奉公時代だ。けしからんと思ったね。そのころはみなそうだが、国体とか皇室に対する尊敬の気持が厚かった時代だから、幸徳秋水みたいな者は、ぼくからいえば、なんだ、日本人らしくない、日本を滅ぼす国賊だ、絶対に許すべからざる奴だという極端な反感をもっていたね。

3 「資本主義・社会主義・共産主義は外国にお返ししよう」ということの意味

質問 四十五、六年前の共産主義に対する店主の考え方の基本、また当時の状況はだいたいわかりましたが、最近では、資本主義・社会主義・共産主義というのは、外国から輸入したもので、日本人に関係がないんだから、お返ししようと言っておられる。これは味わうべき言葉だと思いますが、その場合、この資本主義とか社会主義の意味には二つの面がある、と思うのです。一つは、ものの考え方・思想、そういう意味での資本主義・社会主義と、もう一つは、経済の仕組みという意味での資本主義・社会主義と、二つあると思うのです。店主の、外国から借りたものをお返しする、ということは、ものの考え方をお返しするということだと思います。制度、経済の仕組みというのはどこからもってきても、これは簡単にお返ししたりはできないものだから、やはりその中でいいものは採り入れていけばいい、ということになると思いますが……

出光　一言で言えば、外国の対立闘争の考え方の悪いところを、お返しするということだ。もう一つ言えば、資本主義・社会主義・共産主義のいいところは、形は違うが、昔から日本にはあるんだ。いや、それ以上の深いものを持っている。日本人が日本人らしくやっていけば、なにも資本主義・社会主義・共産主義などという必要はないんだ。

人間の根本は、平和に仲良く暮らすということだろう。しかし生産とか消費とか分配などは、人生の一齣《こま》として必要だから、資本主義・社会主義・共産主義などのいいところは、採ればいいのであって、そのために全体が対立闘争してはいけない、ということだ。根本を忘れてはいかんよ。

そういう観点から、今の日本の政治・教育を見ると実におかしい。政治を例にとれば、日本の国がどうすれば平和に、しあわせになるか、ということが政治の中心であるべきはずなのに、物の分配論にすぎない資本主義・社会主義・共産主義といった主義を唱え合って対立しているということは、どういうことかね。ぼくはかねてから、日本の今の国会は政治を論ずる議場ではなくて、「人の国」日本を守るか、対立闘争の「物の国」にしてしまうかの戦場だと言っているが、ぼくからそう言われても仕方のない現状だろう。君たちはどう思うかね。

教育にしてもそうだ。平和なしあわせな世界をつくりあげる国民を育てる、ということが教育の中心であるべきはずなのに、先生自身が物や金を中心として対立闘争しているなどということは、子供に喧嘩することを教えているようなもので、それでは子供がかわいそうだよ。

ところが、出光は日本人として、これらの主義のいいところは採って、悪いところは捨て、完全に咀嚼しているので、主義の名前など言わないことにしている。主義にこだわって行き詰まっているのが、今の世相だから、外国から輸入したこれらの主義は一度お返しして、これら主義の名前も呼ばないことにしてはどうか、ただ日本人らしくやっていけばいいじゃないか、ということを、最近ぼくは言っているんだ。

一　平和にしあわせに暮らす社会とは具体的にどんな社会か

4　福祉と自由競争について

質問　表面的に見るかぎり、マルクスと店主の目指す目的は、同じであるように考えられます。

マルクスは、搾取する者も搾取される者もいない、そしてすべての人間が自分の個性や能力を十分発揮できるような社会にしたい、と考えていたわけですが、店主も、人間尊重の精神で皆が仲良く助け合う社会をつくりたい、と考えておられる。

ところが、両者の目指す社会の具体的な内容や、その目標に達するための手段・方法は、相当異なっているように考えられます。

マルクスは「ゴータ綱領批判」の中で、共産主義社会は、搾取ということがなく、物質的生産力が非常に発達していて、「各人は能力に応じて働き、必要に応じて分配される」社会である、というふうに描いています。そして、そのような社会をつくるためには、資本主義社会の搾取関係を階級闘争によってなくさねばならぬというわけです。

この点、店主は、人間が平和に仲良く暮らす社会を具体的にどのように描き、またそれに達する道程をどのように考えておられますか。

出光　人間が平和にしあわせに暮らせるような社会を目指している点では、マルクスも出光も同じだと思うね。しかし福祉・しあわせの内容、その目標に達する手段になると、全然正反対だ。マルクスは人間の福祉の根本を物に置き、目標に達する手段を階級の対立闘争に求めているようだが、ぼくは違う。人間のしあわせは心にあって、それにはお互いに譲ったり助け合ったりして、仲良くするという互譲互助・日本の和の精神がなければならないと思う。したがって、人と物、互譲互助と対立闘争というように、マルクスと出光とは根本的に相容れない点がある。ところで、この福祉ということについてだが、このあいだからぼくは人間の福祉・しあわせということについて、いろいろ考えてみた。そして福祉とはいったいなんですか、といろいろな人に聞いてみたが、百人百様で、同じことを言った人は一人もいないんだ。いろんなことを言われるが、みんな言うことが違う。一言で簡単明快に答えた人はいない。それでぼくが考えるに、それでは、しあわせの反対の不幸ということはいったいどういうことか、ということを考えればすぐわかるんじゃないか、と思うんだ。ぼくは四、五十年前から皆に言って聞かせてきたことだが、人間が離れ小島に一人でいるならば、いかなるわがままをしてもよい、自由も権利も侵されることもない。しかし社会は二人以上の人間でつくられているのだから、二人以上の場合は、わがままをしてはいけない。そういうことを言ってきているが、その場合の、離れ小島に一人でいるくらい、人間にとって不幸で悲惨なことはないだろうと思うんだ。いかなるわがまま勝手ができても、離れ小島の孤独ほど、人間にとって最大の不幸はない。なんのために生まれてきたのか、わからんだろうと思うね。そうすると、二人以上で暮らすということが、人間の福祉の基礎であるということになりゃせんか。ところが、二人以上でも朝から晩まで対立闘争していたならば、あるいは一方は殺されるというようなことが起こって、むしろ一人のほうがいいということになる。それだから、二人以上いて、しかも仲良くするということが、人間の福祉・しあわせということになる。対立闘争は、人間の最も不幸な孤独よりもさらに悪いということになるが、外国には、その対立闘争の道しかないんだね。そういう意味では、マルクスが階級闘争に走ったのも当然といえるわけだ。

そこで、この外国の対立闘争と日本の和の精神のあり方の違いをよく証明するものが、自由競争と対立闘争という考え方なんだ。外国では対立闘争即自由競争であり、自由競争は進歩の母なり、という考え方をしている。外国色に塗りつぶされている現在の日本の産業界でも、そういうことになっている。ところが、われわれ和の精神を持っている日本人・出光から見れば、これはまるで違うんだね。和の精神からいえば、相手を滅ぼす対立闘争は絶対に排斥する。しかし自由競争は進歩の母として歓迎する。対立闘争は相手を滅ぼし亡きものにするということであるが、自由競争は、そんなことをしていては落後しますよ、と言って相手を鞭撻《べんたつ》して、お互いに進歩発達をはかるということで、愛と和の精神の発揮なんだ。外国でも、お互いの進歩の母である自由競争の大切なことは、わかっているんだね。ただ外国では和の道を知らないから、無理に自由競争と対立闘争とを同じものにしているわけだが、日本人から見れば両者は全然異なる。対立闘争は相手を滅ぼす破壊であり、自由競争のみがお互いに助け合って繁栄する進歩の母なんだ。

日本民族は両者をはっきりと区別して、お互いに切磋琢磨しながらお互いに繁栄進歩する自由競争は採るが、対立闘争して相手を滅ぼすという考えはない。こういう区別ができるのは、日本民族のみじゃないかと思うがね。そこにはっきりと和、互譲互助、義理人情、恩などを知っている日本民族と、対立闘争の外国民族、人を中心とする国と、物を中心とする国、心を中心とする日本人と、知識を中心とする外国人との差が出ている。

そこで質問にあるマルクスの「必要に応じて分配する」ということだが、必要に応じて分配するということは、一見、立派に見えて公平かのごとくであるが、実行は不可能だよ。無欲・無私の神仏ならば、必要に応じてということで公平にいくだろうが、私利・私欲の人間には結局、平等に分配する以外になくなって、悪平等になってしまうんだ。だから共産主義社会で、必要に応じて分配するなどというのは、人間を私利・私欲のないものとして平等に見ておるということであるし、人間を神や仏と間違っておりはしないか、とぼくは言いたい。

5　マルクスと出光の人間観の相違

質問　そういう面から見ますと、マルクスにはユートピア、理想主義的な考えがあったようです。もっとも、彼も社会的存在としての人間を矛盾したものとしてとらえていたわけです。しかし共産主義の段階になれば、人間も矛盾性のない人間になる、というふうに見ているのではないかという気もします。店主の場合は、どんな社会になっても人間は人間らしい矛盾性をもったものとして考えられ、それが人間が神や仏と異なる所以だとされていますが……

出光　そこだよ、マルクスとぼくの違いは。人間というものの見方がまるで違っている。人間は非常に矛盾性をもっているものなんだ。人間は口先では人に対して寡欲《かよく》であれ、無私であれと立派なことを言っておりながら、自分はそれを実行しないばかりか、自分勝手なことをする。あるいはまた理屈を人に吹っかけるのは愉快に感じるが、同じ理屈を人から言われると不愉快に感じる。これが人間のむずかしいところで、そういう矛盾性をもっているのが人間なんだ。この人間の矛盾性は、資本主義社会であろうと共産主義社会であろうと、どんな社会になってもなくなりはしない。なくなれば神や仏になってしまう。ぼくは、この矛盾性のあるところが、人間らしいところで、人間社会の面白味も混乱もそこにあると思うんだ。

それから、人間には社会のためにいいことをする人もいれば、悪いことをする人もいる。勤勉な人もいれば、怠け者もいる。我欲の強い人もいれば、少ない人もいる。また利巧な人もいれば、能力のある人ない人、健康な人も不健康な人もいる。これが人間社会だ。

それをマルクスのように、分配のときに必要に応じて与えるというようなことを言えば、結局は実行不可能で、悪平等にならざるをえない。悪平等ということは、人間の矛盾性、人間の質の違いを認めていないということだ。

その人間の矛盾性、質を無視しているところに、マルクスは、根本的な誤りをおかしているといえるのではないかと思うんだ。人情を無視したものを人間社会にあてはめても、それは合わない。人間は公平に扱われなければならない。ぼくが、いつも平等と公平とを間違えるな、と言っているのはそのことなんだ。人間は公平に扱われてはじめて満足するのであって、平等では満足しない。

それについて面白い話がある。

十年くらい前、或る牧師が広島に建てる原爆の記念碑の募金を貰いにぼくを訪ねてきたことがある。そのとき、ぼくはお金を出してあげて、そのあとで、あなた方は共産主義と同じではないかと言った。そうしたら牧師は妙な顔をしたので、「あなた方は人間を神様扱いしようとしてはいませんか。しかし人間は神様にはなれませんよ。人間は神様とけだものとの合《あい》の子みたいなもので、それを神様にしようとするのは人間否定ですよ。一方の共産主義も人間を平等に扱おうとするが、それも人間否定だ。

どっちも人間の矛盾性を認めない点で、人間否定であり、同じものだ」と言ったら、牧師は笑い出した。

人間、平等でがまんしろということになるとまた革命が起こるよ。人間を平等という人は、人間と神とを間違って考えているんだ。そこに公平という言葉を使えば、人間の社会にあてはまる。

最近、資本主義は社会主義・共産主義に、共産主義・社会主義は資本主義に接近したと言われているけれども、なにもどちらかの主義に近寄ったということじゃないんだ。まず、資本主義が、過去の資本家の搾取や黄金の奴隷になっていた姿の非を認めて、分配の不公平を公平にしようとし、共産主義も五十年やってみて、悪平等では駄目で、公平にやらねばならないことに気がついたということであって、いずれも公平に向かって進みつつあるということだよ。ただそこに、過去の資本主義のあり方に対して、社会主義・共産主義が牽制の役目を果たしたという功績は認められると思うがね。

公平ということになると、人間の性格からいって、自分で働いた分は自分が貰《もら》う。働かなくてもよけい貰いたいのが人間だから、よく働き、いいことをしたらよけいに貰う。そして貰ったものを全部使うということは、人間は好まない。というのは、動物にもあるように、人間には必ず人間愛というものがある。老後のことは保障されているとしても、子供の将来を考え、兄弟のことを考え、あるいは肉親、友人のことを考える。これが人間愛だ。自分が働いて得たものを、自分だけで全部使わず、これを貯めておいて、子供の将来のことを案ずる、というようなことは、人間から切り離すことはできないと思うんだ。これを切り離して、子供の教育などは国家に任せればいい、だからお前は貯蓄などする必要はないというようなことになったら、将来革命が起こると思う。つまり人間というものが矛盾性をもっているということを、人間として認めてやらなければならない。ぼくとしては、児孫に美田を残さずというふうに考えているけれども、しかし、一般的にはやはり子供の生活をしあわせにしたいと思うのは、親として当然だと思うんだ。これは或る程度認めてやらなければならない。それを共産主義社会のように、出来たものはみな政府が取って、すべて政府がやるという行き方は、理屈としては立派だが、人間はそうはいかない。

質問　共産主義国のソ連でも、高級役人、小説家と労働者の、給与や生活程度は非常に違うそうですね。どうしてそんな違いが出てくるのでしょうかね。

出光　区別が出来るのは当然だろう。マルクスがああいう研究をしたのも、資本家のエゴイズムや搾取に反感をもったからだろうと思うんだ。マルクスがそれとたたかって今日の姿までもってきたことは、非常な功績だと思うんだ。功績とは思うけれども、最後の到達点がはっきりせず、人間否定のようなことになれば、はたして人間が満足するかどうか、ということだ。

それでソ連が五十年もやってみて、やはり人情というもの、人間は人間なんだということがわかって、或る程度まで所有権とか利潤とかを認めるというふうに、変わってきたんじゃないかと思う。マルクスのように、人間を完全なものとみるという、そういう無理なことをやると、また革命が起こるよ。人間を否定するようなことをやれば、必ず革命が起こるよ。人間社会は人間が矛盾をもったものである以上、やはり或る程度混乱はあるものと思っておかなければいけない。楽土みたいなものが人間の間に出来ると思うのが間違いだ。

今の財界だって同じことが言える。つねに好景気が続くものなり、と考えていたから、今度の不況のようなときにとり乱して右往左往するんだ。ぼくは景気のいいときに、景気の悪いときのことを考えて準備しておけと言っている。ぼくがいつも言う「順境にいて悲観せよ」という言葉がそうだ。出光は好況のときにけっしてぜいたくはさせない。順境のときには経費をつつしむとか、封筒は裏返しにして使う、というような小さいことをぼくは注意している。そうすれば会社が儲かっておるときに、利益はみな社内に留保される。それをさあ儲かった、ボーナスはやる、なにはやれ、さあ遊びに行こう、なんていうことで使ってしまえば、今のような財界の混乱が起こるのはあたりまえだよ。ところが出光なんか、今みたいにみんなが意気消沈している不況時代に、将来のために積極的にいろんなことを計画している。これは「逆境にいて楽観せよ」ということだが、この逆境のときに立てた計画は堅実で間違いない。だから逆境のときに計画を立てるんだ。しかし将来必ず変動が来ることがわかっていても、儲かったときにワーッとやりたいというのが人間だ。そこに人間の矛盾性がある。出光で人間尊重と言っているのも、こうした人間の矛盾性をつつしむ、ということであって、日ごろからそういう心掛けでいるから今のような不況下でも出光は微動だにしないんだ。その矛盾性をいかにしてつつしむかというところに、人間の尊厳がある。心のあり方がいちばん大事だということになる。その心のあり方を理論や物差しで決めようとするから、理論や理屈の奴隷になるんだ。人に聞いたり本を読んだりすることは、技術、物差しを知るということであって、最後の人間のあり方は、人間が自問自答していくということだ。それができないような人は、人間として価値がない、ということになりはしないかな。

この夏、鈴木大拙先生の話を聞いたときに、心と知恵の区別をぼくなりに次のように判断したんだよ。心というときに、われわれは善い心とか、悪い心とか言っているが、本来悪い心というものはないと思うんだ。心は真心《まごころ》だけであって、その心が発達した人は知恵を悪いほうには使わない。心なくして知恵だけ発達したものは、なにをするかわからない。その心をつくるために宗教・哲学とか教育とか修養などというものがあるんじゃないか。人間尊重とは、心をつくることとも言えるね。表現はまずいかもしれないが、知恵は手段、心が根本ということだ。人間がしっかりしていて、二人以上で仲良くするような人は、心の人であり、対立闘争をする人は知恵の人と言えるかもしれんね。「物の世界」では心を無視しているから、対立闘争して人類全滅の危機まで行き、「人の世界」では心を尊重し心の積み重ねが出来ているから、知恵を平和のほうに使うことになる。心を忘れて知恵の奴隷になってはいけない。

話はそれたが、そういうわけで、その人間の把握の仕方、人間の心のあり方を日本民族は祖先から教わっている。最近では、日本の歴史の一部をとり出して悪く言う傾向がある。公家さんがわがままをしたとか、幕府が封建的であったとかいうが、人間社会としてはそんなことはあたりまえの、あるべきことと考えてもいいんじゃないかな。極端に言えば、そういうことをなくそうとすると、これは人間否定になり、人間社会の否定になってくるんじゃないか。そういうものがあるところに面白味があるのではないか。人間は神様ではないよ。友だちと二人で話していても、ちょっと褒めれれば、いい気になる。（笑）その逆の場合には悲観する。それが人間だ。ぼくは会社で、人間らしい過ちはとがめるなと言っているだろう。人間なら誰だって過ちがあるよ。ぼくが過ちをやってもとがめられず、社員がやるととがめられる、という法はないと思うんだ。それだから人間らしい過ちはとがめない。ただ、そこで忘れてはならないのは、あとで自己を反省する心のあり方だ。反省する心の積み重ねがあってはじめて、失敗は尊い経験となって生きてくる。したがって、失敗はその人にとって尊い授業料となりうる。そこに進歩があるんだよ。人間らしい矛盾性はあるものなりと考えて、それをとがめちゃいかんと思うよ。資本家も金の威光を過信して、金の奴隷になったんだから、これも人間らしいところだから、あまりとがめずに、改めるようにしたらいい。

質問　いくら使っても使いきれないほど、物がふんだんにあれば、物に対する執着心、よけい取ろうとか、そういう人間の我欲はなくなると考えるのは間違いでしょうか。

出光　それは数学だよ。心の持ち方が大切なことであって、いくら物があったって、次の難問が起こってくるよ。いつでも心で、人間というものはかくあるべきものなり、というものをもっていなければいけない。これが人間の尊厳であり、ぼくが人間尊重と言う意味もそこにある。人間を放っておけば、けだものだよ。みんな勝手なことをして人のことは考えない。そういう獣性をもっているのが人間だよ。だから、それをそうじゃなく、二人以上で暮らすからには、お互いにわがままをつつしんで、相手の立場を考えてお互いに助け合うようにしなければならない。そうすれば平和でしあわせな社会が出来てくる。それが人間の尊厳じゃないかな。

物の面から言えば、ぼくは衣食足って礼節を知る程度で結構だと思うんだ。日本では仏教の坊さんなんか、なければ食わずに済ますという極端なこともあるが、それは例外として、衣食は人間として足らなければならぬが、それ以上である必要はないと思うんだ。そこで、ぜいたくをやれば、そのぜいたくのために対立が起こる。ぜいたくをつつしめば対立がなくなる。ふんだんに使えるように物があればいいじゃないかというが、ぼくはそれで人間のしあわせが来るとは思わない。南方の天然産物に恵まれている民族は概して文明の進歩が遅いのは、食べ物に苦労しないということが禍いしてはいないか。国内でも気候・天然産物に恵まれている地域では、人間がのんびりしてしまっていると言われている。反対に東北の気候・天然産物に恵まれない所には人材が輩出している。ぼくは九州だが、九州は気候・天然産物に恵まれているが、台風という天災に鍛えられているために、ぜいたくをせず、貯蓄して、翌年の天災に備えるという節約・勤勉、そしてお互いにいたわり合うという九州人の性格が出来上がっている。

これらをみて言えることは、人間が物に恵まれることは必ずしもよいことではない、ということではないか。短期間はよいかもしれぬが、長い目でみれば、やはり人間はあまり恵まれずに愛の手によって鍛練されることが必要だと思うんだ。ぼくは昔からぜいたくは人を殺すとさえ言って聞かせてきている。

6　日本の家族主義について

質問　店主の「人間が平和に仲良く暮らす社会」の具体的な内容や姿が、だんだん浮き彫りにされてきましたが、それは日本の家族主義が土台になっているように考えられますが……

出光　そうだ。日本の家族主義は、親子兄弟仲良く暮らすという平和な、しあわせな姿として、世界に誇るべきものなんだ。家族の中に中心があって、そのもとに、皆が愛情と信頼でつながっている。愛によって育った人は、純情であって人を疑わず信頼するから、一致団結する。これが日本の和の精神のもとであり、その小さい現われが家族主義、大きい現われが日本国、無防備の皇室、無防備の国民ということだ。その反対に、いじめられて育った子は疑い深く人を信頼しない。そこで個人主義になり権利思想になるのは当然である。これが日本以外の征服・対立闘争の外国である。このようにみてくれれば、日本の平和・福祉の数千年の歴史の基礎ともいうべきものが家族主義なんだ。対立闘争の国の人から言えば、家族温情主義は資本家の搾取のかくれみのなどと言うが、そうじゃない。彼らは愛情によって育った人が純情で、お互いに信頼して一致団結する、という実体を知らないんだ。日本の家族主義のような立派なありがたい形を知れば、誰でも賛成すべきものとぼくは思うね。

もちろん、親だって人間だから、強い立場を利用してわがままをすることもあるし、子供は子供で、自分勝手なことをすることもある。しかしそれは血のつながり、家族の愛情という大きなものに包まれ、その中に抱かれて無条件に信頼し安心しきっているから、いつとはなしに自然に、人間らしいわがまま、矛盾性がお互いに出るのであって、ぼくは実にうるわしいことじゃないかと思うんだ。つね日ごろ、家庭の中ではお互いに人間らしいわがままを出し合っているが、いざ子供が病気にでもなったりすると、親は子のために自分の生命を投げ出して身代りになってもよいとさえ思うし、子供は子供で、年とった親のためには自分の身を犠牲にして尽くしたりするんだ。

ぼくは、このような日本の家庭のあり方をみて、出光における大家族主義の行き方と比べてみることがあるんだ。出光の大家族主義は、日本の家庭におけるような信頼と愛情の姿を、会社の中で実現したいということなんだが、会社ではお互いに血のつながりがないので、お互いに他人としての遠慮があって、わがままをつつしんでいるので、うまく行っているんだね。ところが、家庭は血のつながりという大きな愛情に安心して、お互いにわがままが出るから、表面上は会社のようにうまく行かないように見える場合もあるが、いったん家庭の外から圧迫が加わったりすると、理屈なしにさっと家族全員がまとまるんだね。君たちもそういう経験や実感がありはしないか。最後は血のつながりで、すべて自然に解決されてしまうんだね。これが家庭生活の根幹をなすものであり、日本民族の基礎をつくっている。こうして日本人は、人間としての信頼の上に立ってわがままもしているわけだが、外国では、家庭の中に理屈が入ってておりはしないかな。だから金を中心として対立が起こったりするんだ。

とにかく、この血のつながりとか親子の愛情などというものは先天的なもので、理屈や学問では割りきれないいんだ。あの雌鶏が雛《ひな》をかかえている姿を見たまえ。雄鶏でも犬でも猫でも寄せつけない。どこからあのヴァイタリティが出てくるのかわからんが、あの威力には圧倒されてしまう。それと同じで、親の愛情や動物愛を理屈やら物差しやらで判断することはできない。ところが親や子供が人間らしくわがまますることをとらえて、日本の家族制度はけしからんと言うのは、象の鼻をつかまえて、象は長いもんだと言うことと同じだ。権利義務思想で日本の家族のあり方を評価すると、大局を見失って妙なことになる。

今年の春、ぼくは山陰、北陸を旅行したが、面白い経験をした。というのは、不思議に女中さんというのは子供のために働いている人が多いんだ。或る女中は、子供は東京の学校にやっているので、学資を送るために働いていますと言うんだ。そして自分は、老後は養老院に入る覚悟をしているんだね。そこでぼくは「東京のような都会では外国の権利思想・個人主義思想にかぶれている人が多いから、東京から嫁さんを貰えば、なんで私が夫の親まで面倒をみなければなりませんか、というようなことを言う。それで養老院へ入る覚悟をしなければならないが、ここの田舎に来てみると、みんな昔からの日本らしいところが残っていて、娘さんたちもお母さんの面倒は私にみさせてください、というようなことを言っていますよ」と言ったら、その女中は「安心しました。私は養老院に入る覚悟で金を貯めたりなんかしていましたが、その話を聞いて安心しました。嫁は田舎から貰います」と言って喜んでいた。田舎にはまだまだ日本の家族主義のいい精神が残っているね。

質問　店主の言われる日本の家族主義という場合、夫婦のあり方はどう考えますか。

出光　夫婦は愛のつながり、情のつながりかな、これは外国の行き方から言えば、お互いが好きで夫婦になったのだから、嫌になったら別れればいいじゃないか、ということだろうが、しかし子供がかわいそうだ。日本人は子供のためにけっして夫婦別れはしない、というところがありはしないか。自分らの勝手によって、子供を犠牲にするなど日本人には考えられない。子供のために夫婦別れができない、ということになると、外国人はそれは卑屈だと考えるんだろうね。自分さえよければいいんだから、外国人は平気で別れる。むろん例外はあるよ。しかし一般的に言って、外国人はそれが合理的だという行き方をするが、日本人は情愛というものを中心として、自分がその中に溶けこんでいくという行き方だから、個人主義というものはない。個人主義は日本の家庭には絶対にありえない。もちろん、現在は外国かぶれした世相だから、話にならんがね。

要するに日本の行き方と外国の行き方と、どちらがいいかということであって、ぼくは、愛情とか人情によって結ばれているのが、ほんとうの人間のあり方であって、一時的な自分勝手なことをやるというのは、けだもののほうに近いと思うね。日本には子供のために犠牲になるとか、親のために犠牲になるとかいうところがあるが、それは日本の、平和に仲良くしていくという民族性の現われじゃないかな。そういうことにならなければ、大きな平和とか福祉とかは出来ないよ。ところが戦後、犠牲とか義理人情とかを悪く言う風潮があるが、ぼくに言わせれば、これらこそが平和・福祉のもとなんだ。これは外国人にはわからないのが当然だよ。日本と外国とでは、白と黒の違いだから。それだから日本人としては、今悪く言われているものを良いものとして考えれば、外国かぶれのメッキが剝げやしないかね。

7　マルクスと出光の相違をもたらしたものは、なにか

質問　マルクスと出光は、ともに人類の平和と福祉の社会を目標としながら、その具体的内容については、福祉の考え方でも、人間のとらえ方でも、極端に違っています。そしてマルクスの場合は、搾取・被搾取の関係をなくすことによって、幸福な社会をつくりたいと考えているのに対して、店主の場合は、物は足ればよい、それよりも人間のしあわせは心にあると言われ、両者は極端に対照的です。どうして、このような考え方の相違が出てきたと思われますか。もっとも、マルクスも心の問題を全然無視しているわけではなく、人間の心というものは、根本的には物質に規定されるといっていますけれど……

出光　マルクスとぼくの考え方の相違は、結論的に言えば、西欧民族と日本民族の違いということになると思うね。別の言葉で言えば、「物の国」と「人の国」の違いとも言えるがね。これを簡単に言うと、西欧民族の祖先は我欲・利己の祖先だ。我欲・利己のために善悪を問わず征服してしまう。そうしてその次には、また我欲・利己の

人が出てきて、前の征服者がかりに善政を施しておっても、これを征服していく。この征服の形を最もよく表わしているのが、城壁の中にたてこもって、その周囲に国民大衆がおるという姿だ。西欧ではエンペラーやキングなどは城壁にとり囲まれて、その中に住んでいたんだ。これは朝鮮や中国でも同じだ。それの最もはなはだしい例が、万里の長城だ。そういう大きな城壁に囲まれて防備されているということなんだ。ところが日本では、皇室も国民も無防備だ。もっとも、日本でも征服者に準ずるようなことをした者は、江戸城のごとく城の中に住んでいた。京都の二条城など、ちょっと一ヵ月ぐらい将軍が滞在するだけでも、やはり城壁に囲まれて防備している。これは征服者の形だ。征服者の形で防備していなければ、善悪にかかわらず、誰かが来て、また征服されるという危険をいつも感じておったということだ。西欧の祖先はそういう我欲・利己の征服者であり、その征服・革命の連続が西欧の歴史だから、国民は搾取ばかりされて、自分を守ってくれる人はいない。生命財産の危険をいつも感じている。そこで、自分のことは自分でしなければいけない。誰も頼る人がないというところから、個人主義になる。上の人が利己主義、個人主義の教えをやれば、下の国民大衆がそうなるのは当然だろうと思う。

そういうわけで搾取されて、個人主義になり、そうして圧迫に対して自由を主張する、人権を主張する、ということになり、さらになにを頼るかと言えば、金とか物とかを貯えて頼るようになる。ちょうどユダヤ人が自分らを守ってくれる国も滅びてしまって、自分のことは自分でやらなければならないから、拝金思想になったんだが、あれは当然、ああなるべきものだと思うね。ぼくは気の毒な民族だと同情しているよ。そういうように、自分を保護してくれる大きなものがなかったのみならず、いじめられたということから個人主義になり、拝金思想・対立闘争になった。そこに、すべて物に関係して、人生は物だという考えが出て、物を解決すれば人生はすべて解決がついたように錯覚するのも当然だ。しかも、そこで解決をつけても、また次の征服者が出てきて、善悪にかかわらずこれを滅ぼす。そういう対立闘争の姿を繰り返し、対立闘争の思想を続けてきたのが西欧の歴史だ。物を中心にして対立闘争をしておるということは、同じことを何回でも繰り返すということになるね。そういう歴史が何千年と続けば、しまいには、物さえ平等になればよいというふうになってくるのじゃないかな。そして物にとらわれてしまう。

ところが日本の場合は、祖先が無欲・無私だろう。もちろん、全然我欲がなかったとはいえないかもしれないが、だいたいそれに近い姿を示された。いわゆる徳の形を国民に教えられた。そして搾取したり、圧迫したり、征服したりしようとする悪い者を滅ぼし、平定していかれた。この平定と征服という言葉は面白いと思うんだ。征服のほうは、自分の我欲のためには善悪にかかわらず滅ぼす。ところが平定のほうは、平和・福祉のために役立つ人、みんなにとっていい者は奨励し育てていく、悪い者だけを滅ぼすということだ。これが徳の政治ということじゃないかと思う。日本人の徳という言葉が、外国に字があるかどうか。徳ということがほんとうの人間のあり方であって、それがあれば、お互いに譲り合って、平和にいくということではないかと思うんだ。そういう徳をすすめ、悪をこらしめ、全体のためにいいように導かれて、国民もそれを見習って、お互いに仲良くして平和に暮らしてきた、というのが日本の歴史だ。日本の皇室はぜいたく・わがままはされず、つねに国民のことを考えてこられた。したがって国民から見て、皇室になついてこそいっても、皇室を攻め滅ぼそう、などという考えが出る余地はなかった。無防備の所に天皇がおられるなどということは、世界にはその例がないんじゃないかと思うね。それから、奴隷というものも日本にはなかっただろう。国民大衆を奴隷にされたというようなことはなく、むしろ「赤子《せきし》」というような言葉が使われるように、わが子のようにいたわってこられた。

そう言えば、皇室だってわがままされたじゃないか、というかもしれないけれども、それはやはり人間であるから、人間らしいことを、百何十代のうちになされた方もあるだろう。しかしその百何十代、数千年間、中心に流れておるものをずっと見きわめれば、やはり無欲・無私であって、大きな愛の手を国民に伸べられて、国民にお互いに仲良くすることを教えられている。そういう大きな愛情の中で国民は素直に育って、お互いに疑わずに信頼し合って、一致団結するという民族性が出来ている。征服ばかりされた国の人に、相手を信頼するという考えがあるかどうか。ぼくはないと思うね。いかなる場合も、相手を疑ってかかって、人を信頼することはできない。信頼したらひどい目にあわされるということで、自己防衛のために、相手を絶対に信頼することができない。これはわれわれが外国と商売をやってみてわかる。信頼感がない。

そうして一方では、日本人は物などは第二義的で、ぜいたくしておればお互いが仲が悪くなるから、ぜいたくはつつしめよ、質素にせよ、ということを教わってきている。やはり人間は物を中心として対立闘争することが最も多いから、それをつつしんでお互いに助け合え、ということを教わってきていると思うんだ。そこに日本人の金や物を超越する民族性が出来上がったんだ。この金や物を超越するところから、日本人の清廉潔白とか、責任感が強いとかいう独特のあり方が生まれてくる。その代表的なものが武士道であり、ぼくらの知っている明治時代の官公吏や教育者のあり方だったんだ。明治時代の官公吏や教育者が世界の垂涎《すいぜん》の的だったのも、その清廉潔白と責任感の強い点にあった。

外国では、すべてを金に換えて、労働は金で売るべきものなり、ということになって、金に換えることを楽しみとし、金に換えられないことを苦しみとしているが、「人の国」日本では、金に換えられない人生の楽しみをもっている。それがさらに積極的になると、人のために金を出してやり、そのことを人にも知らさずに自分だけで楽しむ、というようなことにもなってくる。これが東洋の陰徳ということなんだ。出光創業のときに日田さんがぼくに資金を恵まれて、しかも「金を貰ったことを人に話すな」と言われたのは、この陰徳を身をもって示されたということだ。ぼくにとっては一生の尊い教訓となっている。そういう日本人の、金を第二義的にみる行き方から、清廉潔白を尊び、清貧に甘んじ、清貧を誇りとさえする思想や、進んで耐乏生活をやるというようなことが出てくるんだね。この清貧を誇るなどという考えは、外国人には想像もつかんだろうと思うね。昔の先生が清貧に甘んじて子供を教育されたということが、日本民族を育てる尊い基礎になってきたのではないか。だから、ぼくらの子供のときには、先生が最も尊い人と思っていたんだね。

このように見てくると、西欧と日本とでは、そのスタートも出来上がったものも、まるで白と黒の違いがあるんだ。そこで、そういう立派な祖先をもってありがたい、という気持が出てくるのは当然じゃないか。そういうありがたいことを教えられて、ありがとうございますといって祭ったのが、日本の神だ。だから日本の神は祖先だよ。例外はあるかもしれないが、外国では祖先を神に祭っておるところはない。だいたい、天にましますす偶像、哲学だね。外国の神様は哲学を説かれるものということになりはしないかな。それを実行されて国民に示されて、徳のある政治をして国民を保護されたのが、われわれの祖先、皇室であるということじゃないかと思う。

そして皇室と国民というものは親子の間、家族ということになった。これが、いわゆる日本の大家族主義のあり方であって、日本の家族制度もそこに源がある。

そういうわけで、日本人は、物以外に人の心で結び合って、平和にしあわせに暮らすことを祖先から教わっている。物も要るが物のみじゃないんだ。物はむしろ質素にやらなければ、かえって対立闘争するから、質素にやってお互いが仲良く暮らすということを国民が知っているわけなんだ。西欧とまるで正反対だということがわかるだろう。マルクスはそういう西欧に生まれ育ったから、物質中心の行き方、信頼とは反対の対立闘争の道しか知らなかったと思うんだ。

ところが、ぼくは無我・無欲の祖先からスタートした日本民族として生まれ育ったから、二人以上でしあわせに暮らす平和・福祉のあり方を知っておる。なにもぼくがこんなことをはじめて言い出したのではなく、日本人としての道を歩いているということだ。ただぼくの場合は、最初にも言ったように、生い立ちから日本人として非常に恵まれて育ったため、純日本人として真直ぐ歩いている、ということは言えるかもしれない。その結果は、開店後十数年して共産主義が入ってきたときに、すでに資本主義・社会主義・共産主義にとらわれずに、悪いところは捨て、いいところは採っていこうではないかと言って、実際に事業経営の中で咀嚼した、ということになりはしないか。しかし、もしぼくが西欧に生まれてマルクスと同じように育ったならば、マルクスと同じように、物を中心として対立闘争する道を歩いたかもしれぬ。反対に、マルクスが日本に生まれて、ぼくと同じような育ち方をして、同じような学校へ行ったりしておったならば、また、ぼくと同じような道を歩いたかもしれぬと思うんだ。

質問　「マルクスが日本に生まれていたら」、あるいは「出光が西欧に生まれていたら」ということは非常に面白い、示唆に富んだ言い方だと思いますが、率直に言って、ぼくらは店主が西欧に生まれ育っても、対立闘争の思想にはならなかったと思います。最近、或る人からもそういう意見を聞きましたよ。その人は店主に非常に好意をもっている方なんですが……

出光　ぼくも、或る人から、マルクスは個人として性格的に非常に悪い人間であるということは聞いたことがある。ほんとうはどうであったかわからんがね。なにかそういう文献もあるらしいね。しかしこの場合、ぼくは、マルクスの個人的性格、出光の個人的性格を問題にしているんではないんだ。国柄、国風、風土といったものが、一般的に民族性を決定する上にいかに大切なものであるか、そういう一般論を言っているんだ。西欧にも、日本の和の行き方をする人もいるし、日本にも西欧の対立闘争の道を歩いている人もある。しかし全体から見れば、それは例外であって、だいたいにおいて対立闘争の国に育った人は、対立闘争の思想をもつようになるし、和の国に育った人は互譲互助・和の道を歩くということなんだ。

8 「物の国」化した現在の日本を、いかにして本来の姿に引きもどすか

質問　西欧と日本の相違ということは、よくわかりましたが、現在のわれわれの周囲を見ますと、店主の言われる日本人らしい面は、相当影が薄くなっているのでは

ないかと思いますが……

出光　明治維新前と維新後とを区別して考える必要がある。というのは、維新前の日本は「人の国」であったが、維新後、明治時代に外国の物質文明を輸入し、「物の国」の姿が入ってきて、物質文明が派手で魅力的なものだから、だんだん日本も外国色に染まり出したわけだ。とくに今度の敗戦後は、日本人は腰が抜けてしまったため、完全に外国色一色に塗りつぶされてしまっている。したがって、われわれが日本を考えるときには、現在の日本は「物の国」、外国化している、ということを頭に入れておかないと、大事なものを見落としてしまうぞ。

質問　物質中心の外国色に塗りつぶされた現在の日本人の姿は、教育とか修養とか、指導者の正しい指導で克服されるものとお考えになりますか。

出光　簡単にはなおらないだろうね。物質欲というものは、人間にとっては、いちばん魅力のあるものだから、一ぺん入りこんだら、なかなか抜けられないよ。これまで精神文明というか、「心の世界」中心でやってきた日本が、物質文明も非常に必要だから、明治時代になって、それを輸入して強調したのは当然だと思うが、あまりに強調したためと、一方に物質文明が魅力的なものであるため、必要以上に物質文明にあこがれて、外国崇拝の念が起こってしまった。

ところが明治時代には、まだ、精神・心の文明がちゃんと日本人には残っておったから、金で人間を切り売りするという極端なところまでは行かなかったと思うんだ。それが大正時代になって、第一次世界戦争で事実上中立の地位に置かれて、労せずして金を儲けたために、日本人の心に一大禍根を残すことになった。世界中が命をかけて戦争をしているときに、その中立の地位を利用して、船を貸したり武器を売ったりして一夜成金になった。そういう金を儲けたがために、日本人が金に中毒して、拝金思想が極端に広がった。そして金持が威張りだした。そのときの成金はけしからんよ。投機・買い占めをやっておいて、売らないで、値が上がったら売るというようなことをやった。米騒動なんかが起きたのもそのときだ。そういうわけで、金儲けのためには手段を選ばぬ。そこで、金さえあれば、という風潮が明治時代よりいっそう強くなった。言い換えれば、明治以前の商人を、そのまま大きく強化した恰好になったんだから、大正時代の商人と外国の金万能のあり方は、だいたい同じ姿だとも言える。そういう見方もできるよ。明治以前の日本の商人だって、大正時代以後ほどあくどくはないよ。明治以前の商人は、徒弟から搾取するというよりも、大きくなれば暖《の》簾《れん》を分けてやって立派にする。都合によっては、その家を継がせる、というようなこともやって、まじめに熱心に働くものは、主人の愛情によってどんどん報いられた。その日その日の働きを、金に見積って渡すというような、そんな刹那主義的なことはやらずに、真に働いてまじめな者は、主人が愛情をもって育てていたと思うんだ。昔の徒弟制度を封建的だと言うけれども、それは愛情をもって長い目で育てていく点をみれば、結構なことではないかと思う。現在のように、その日その日、時間的に人間を切り売りして金で評価されていく、というようなことは、ぼくは人間侮辱だと思うね。

そういうわけで、大正時代に金の力をあまり過信したために、日本人の精神的なものがこわれてしまった。財界が政党と結託して、いろいろ汚いことをやったり、議会でつかみ合いをやったのもそのときだよ。そのときは政治家・財界と言論界が腐敗していたけれども、役人と教育者は尊厳を保っておった。役人のあり方と教育者のあり方というものは、ぼくは「物の国」のあり方と「人の国」の日本のあり方とでは全然違っておったと思うね。日本の役人は、ちょうど昔の武士がわいろをとるのを非常にやかましく言われたごとく、清廉潔白だったよ。今の言葉で言えば、金も貰わずに、ただむやみやたらと働かされておる、という言い方をするかもしれないが、しかし日本人から見れば、国家のために清廉潔白で責任感が強く、自分の身を捨てて働いていた、ということだ。それから先生も清貧に甘んじて子弟の教育に努める。先生も役人もどっちも清貧だったよ。むしろ清貧を誇っていた感さえある。今ごろ、清貧を誇るという思想があるかどうか。「物の国」では、そんなことは想像もつかない考え方だろうと思う。だから、官吏がわいろをとるなどということもなかったし、先生が給料を要求して徒党を組むということも、当時としては想像もつかぬくらいだった。これが「人の国」の先生・役人のあり方なんだ。それが今度の敗戦によって、日本人は腰を抜かしてしまい、占領政策によってバックボーンを抜かれてしまったため、先生も役人もすべて駄目になってしまった。これが明治以後、日本が「物の国」化してきた経緯だ。

　要するに、衣食は足ればいい。衣食をあまりむさぼると、人間は堕落するということだ。ぼくも子供のとき、金持になると人間が汚くなる、金に毒されて汚くなるという感じがあったね。だから、なんでもかんでも、人間を金で評価していくということは、やはりそこに行き詰まりが起こりはしないかな。そうじゃなくて、金を離れて国家のために尽くし、お互いのために尽くすというのが人生であって、金をたくさん貰って、ぜいたくすることが人生じゃないと思う。ぜいたくをつつしみ、質素であれ、金にあまり恵まれるとそれを中心として対立闘争する思想が出来るぞ、ということをわれわれの祖先が教えたのではないかと思うんだ。だから、そういう尊い教えを再認識して本来の日本人に帰ることが、日本人が物質文明を克服する道だと思う。

日本と外国とでは、数千年前から祖先の違いで「人の国」と「物の国」というような全然かけ離れたものが出来上がっているんだ。にもかかわらず、日本の道徳をモラルと訳したり、平和の中心である天皇を征服のエンペラーと訳したりして、辞書で簡単につないでおるから、その相違が全然わからなくなっている。しかし維新前にもどって考えれば、ぼくは、はっきりしてくるのではないかと思うね。

9　青年とマルクス主義

質問　日本では大正・昭和の初期、若い青年でマルクス主義に走った人が多いわけですが、日本の場合の特徴として、青年時代にマルクスに熱中し、だんだん年をとるとマルクスから離れて行く、という面があるように思います。こういう現象を店主はどう見ておられますか。

出光　これについては面白い話がある。今度の戦争中、共産主義から転向した人が相当出た。門司でもその人たちの「更生会」が出来て、そういう人を保護し指導する会があった。そのとき宮城長五郎という検事長、法務大臣をやった人だが、その人が長崎の検事長をしておって更生会会長をやっていた。ぼくはそのとき門司の商工会議所の会頭で、その会の副会長、つまり資金集めをさせられていた。或るとき二十人ばかり会員が寄ったときに、そこには宮城さんは来ていなかったが、小倉の或る検事が、せっかく君らが更生してもやはり衣食が安定しなければまた動揺するかもしれない、という意味のことを訓示の中にちょっと入れたんだ。そうしたら一人が立ち上がって、「今の検事の話はけしからん。実に検察官らしい態度で不愉快だ。われわれは食わんがために生きているのではない。主義のために生きているんだ」と言う。猛烈な共産主義者らしい論法でやったんだよ。そうしたらみな黙りこんでしまった。警察の署長なども来ていたんだが、誰も一言も言わない。そこでぼくは、主義者というものは、人のことばかり責めることを知っておって、自分のことを顧みることを知らない態度があたまにきたので、すぐ立って、「君は検察官が検察官らしいと言ったが、今の君の態度は主義者らしいぞ。人のことばかり責めずに自分のことも少しは考えたらどうだい。検察官は検察官らしいのがいいじゃないか。君は主義者らしいからいいじゃないか。俺は油屋をやっていて、油屋らしいからいいじゃないか。それがらしくなかったら、おかしいぞ。そこでぼくが一つ君に問題を出すが、一と一を加えるといくつだい」と言ったんだ。そうすると、二じゃないですかと答えた。ぼくは「それは数学、学問だが、そのまま社会に応用していいか」と、さらに突っこんだ。ぼくらが商売をやっていて、理屈をそのまま応用するとろくなことはない。かえって逆効果だよ。人間というものは理屈を自分が言うときは非常に愉快であるけれども、相手から同じ理屈を聞くのは非常に不愉快なものなんだ。それが人間なんだ。だから理屈をそのまま商売に応用しようとしたら、お客さんは逃げてしまう。そういうことをぼくは体験で知っているから、「一と一を加えれば二というのは学問だが、それをそのまま社会に応用していいか」ということを聞いたんだ。そうすると、「学問も社会も同じですよ」、こういう返事だ。だからぼくは「それは違う。社会では一プラス一にさらに人情というものも加えなければならない。人情を加えなければ社会には通用しないぞ。君らは学問をそのまま社会に応用する悪い傾向がある」と言ったら、相手は黙りこんでしまった。そこでぼくはさらに説明して、「人情を加えるのは世界共通の答なんだ。ところが日本は、さらに国体というものを加えなければ、日本人に対する答は出ない。国体を加えてはじめて正しい答になるんだ。人を責めることばかりせずに、学問と社会とを区別したらどうだい」と言ってやったら、それで話がついてしまった。後でその人は「あの油屋のおやじは面白いことを言うね」と言っておったそうだ。

そこでぼくが感じたのは、そのとき二十人ぐらい居たと思うが、二人か三人ぐらいは先天的にヒステリックな頭なんだね。あとの十七、八人は純情で頭脳明晰の人だ。そして一と一を加えると二という理屈、学問を理解しやすい、いわゆる秀才型である。しかし実社会に入って、人間の矛盾性を見せつけられるにしたがって、人情を加えなければ社会には合わない、ということがわかってくるんだ。今の若い人にもそういうところがありはしないか。学生のときには、だいたい一プラス一イコール二という純理論でいくが、社会に出て、社会にもまれて苦労しているうちに、人情を加えなければならないこともわかってきて、一人前の社会人となってくる。なかには病的にヒステリックでなおらない人もあるようだがね。普通の若い人は世の中がわかってくると、立派な人になっていくんだよ。全学連などというものも、そういう目で見ていたらいいんじゃないかね。ぼくは全学連をちっとも責める気にならない。若い人は若い人らしいところが値打ちだ。

質問　マルクス主義に走った人には、真剣に物事を考える人が多いように思われます。それというのも、明治以後、西洋の物質文明が入ってきて、日本が「物の世界」に塗りつぶされてしまったからでしょう。ことに物事を真剣に考え、正義感の強い若い学生や青年は、資本家の横暴とか世の中の矛盾といったものに義憤を覚えるわけですね。

出光　学生として当然じゃないかね。ぼくも学生時代、黄金の奴隷になるな、と言って資本家のあり方に反発しているし、店をはじめてからも、事業は金儲けじゃない、という内池先生の教えをくそまじめに実行してきている。ただぼくの場合、そういう教え、真理を、社会と或る点まで合わせてきたところに、ぼくの苦労があり価値があったと思うんだ。人間の矛盾性をわきまえずに理屈ばかりで押し通す、ということは、ぼくはしなかったということだ。

二　人間解放の道

10　出光はいかにして人間疎外から脱却しているか

質問　マルクスは、資本家の搾取に反対して出発したと言いましたが、それは同時に人間の解放を意味したわけです。マルクスは「人間を人間自身の最高の本体なり」とするような社会にしたいと思っているにもかかわらず、現実の資本主義社会では、人間自体が労働力という一個の商品となり、しかも人間労働の生産物が逆に人間を支配する、という姿になっている（人間疎外）。だからマルクスにとって、人間を人間たらしめる社会をつくることが、彼の思想の出発点であり、マルクス主義思想の根本問題となっているわけです。

一方、現代に生きるわれわれにとっても、この「人間疎外」という、人間が人間以外のものに隷属させられている現象は、あらゆる方面に見られます。たとえば組織にはめこまれた人間、機械に使われる人間というような大衆社会現象として現われ、解決を迫られています。

そこで私たちの質問も、まずこの「人間疎外」という問題からとり上げていこうと思います。

マルクスは、資本主義社会における人間疎外、言い換えれば、人と物とが逆立ちした状況を正常な姿にもどすためには、それを生み出す社会の根本の仕組みを変革しなければならぬと言います。これを人間の解放の第一条件と考えるわけですが、出光の場合「黄金の奴隷になるなかれ」とか、物質尊重主義に対する人間尊重の唱道・強調をしておられることは、目標としてこのマルクスの言う人間疎外からの解放と同じではないでしょうか。また店主の場合、金や物から人間が解放されるには、具体的にはどのようにしたらよいと考えておられますか。

出光　金や物から人間が解放されるには、どうしたらよいか、ということだが、さっきも言ったように、日本民族のあり方、日本の歴史そのものが、すでに金や物を第二義的に見て、心の結び合いを重んじてきているんだ。そして、そういう民族性が出来上がっているということなんだ。

しかしながら、明治以後、物質文明が入ってきて、日本も外国色に塗《ぬ》りつぶされてきているので、そういう中で、どうして金や物の奴隷にならずに行くか、ということは確かに大問題だと思う。

そこで出光のあり方を具体的に話して、金や物の奴隷にならずに行ける実例を示してみよう。

11　出光には資本家の搾取がなくて、全員が経営者である

出光　まず、出光には資本家の搾取がない。創業のときに日田さんが資金を恵まれて、「この金は返済しないでよい、利子もいらない」と言って、なにもとっておられない。それから、ぼく自身も資本家の横暴に反抗して出発しているくらいだから、搾取などするわけがない。これはだんだん話すが、そういうわけで、資本家の搾取がないという点では、マルクスの狙っているように、資本主義の悪いところが、完全にははじめから取り除かれておるということなんだ。

その次に、出光では従業員全部が経営者であると言える。従業員とぼくとの間に区別をつけていない。その一例として、創業のときから、ぼくは店員と同じように給料をとっているが、これはぼくが資本家ではなかった、ということを表わしてはいない

かね。もちろん給料がいくらか違うとか、名前の呼び方が店主と従業員とかいうことはあるが、仕事の上ではお互いに独立して、ぼくはぼくなりの仕事をしておるし、従業員は従業員なりの仕事をしておる。言い換えれば、各自の受持の仕事の上では、お互いに自主独立の経営者だということだ。全部が従業員であり、経営者であるとも言える。出光の若い人が、「私は経営者です」と言っているそうだが、それは皆が権限の規定もなく、自由に働いているということであって、ぼくはこういう形が理想だと思う。

質問　そこで、ちょっと理屈を言いますが、もちろん経営に加わっているという意味では、すべて経営者なんですけれども、ふつう経営者という場合には、経営の指導を行ない、その経営に対して最高の責任をとる者という意味があると思います。

たとえば軍隊を例にとりますと、皆軍人である。軍人という点では皆、変わりないのだけれども、その中にファンクションとして将軍があり、参謀がおり、下士官がおり、兵隊がいるというぐあいに、それぞれ分担がある。それぞれが自分の立場で軍人としての任務を果たしている。その場合の将軍の機能を果たしているものが、経営では経営者だということになります。

出光　ぼくが言っているのは、経営学で言う経営者を言っているのではない。企業の中に社長、専務、営業部、経理部というような組織があるのは当然だ。けれども、組織の一人一人、皆が、自分が責任をもってやっておるその心構えは、経営者の心であるということだ。事業経営をやっているものは、ぼく一人ではなく全員でやっているということなんだ。そのことについては、君たちも知っているように、開店後数年たってから、随分ぼくが悩んだ問題だ。ぼくは独立自営したが、店員はぼくの独立自営の陰に犠牲になって搾取されているのか、という疑問が出た。いろいろ考え悩んでいるうちに、店員を自由に働かせて各自の仕事の上では独立させよう、ということで解決がついた。これが、出光に現在でも権限の規定がない、ということなんだが、経営学で言う経営者とか使用人という観念は、出光にはないよ。形式的な組織としては社長も専務もあるが、お互いの心掛けは、皆が全責任をもって経営しているということだ。

12 組織は心の中にある

出光 そこで組織の話が出たついでに、簡単に話しておくが、ぼくは組織や規則は形式であって、ほんとうの組織・規則は各自の心にある、ということを言っている。これをすべきかすべきでないか、やってよいか悪いかなど、各自が心の中で判断していかなければならない。したがって組織や規則は、できるだけ少ないほうがよいということになるんだ。それでぼくが組織は「無をもって理想とする」と言うと、これは十年くらい前、或る青年会議所で話したときなんだが、或る人が組織なしで物事ができますかと言うんだ。ぼくは組織が全然要らない、と言っているのではない。組織はあっても、形式的な組織はなるたけ小さくして、ほんとうの組織は心の中にもつようにしなければならない、そうすると、非常に人間が少なくて済む、ということを言っているんだと言ったら、わかったようなわからないような顔をしておった。そうしたら、しばらくすると、また誰かが立って、組織なしじゃやっていけませんでしょう、という質問をする。三回ぐらい同じ質問が出たね。組織は形式的なものであって、心の中に組織をもっておれば、非常に少数な人で少数精鋭主義の力強い形が出来るんだが、この呼吸が、今の経営学でやっておる人にはわからないようだね。

　組織は形式として必要だが、ほんとうの組織や規則は自分の心の中にちゃんともっていて、形式的な組織に縛られてはいけない。そして、これができるのは日本人だ。外国の経営は「和」ということがないんだよ。外国では権利を主張して、お互いが対立しているから譲り合うということはないだろう。そこで、その対立している人を組織でつなぐことになる。だから日本人に言わせると、それは烏合の衆であって、人数ばかり多く要して、しかも力は弱いものである。日本人にとって組織は形式的なものであって、お互いが心でつなぎ合っている。それが日本の和だ。両者の違いは、口では説明できないが、実際にやってみると、非常な差が起こる。組織中心の外国の行き方はたくさんの人が必要で、しかもお互いに権限を主張して対立しているので、力は弱い。日本では、組織にとらわれずに一人一人仲良く団結の力を発揮するから、人間は数が少なくても非常に力が強い。たとえば、われわれの石油業界でも、外国の会社は非常にたくさんの人を擁しながら力が弱い。現在の日本の普通の石油会社は、外国と日本との合《あい》の子だから、外国の会社よりはやはり人数が少なくて強い。出光は純日本的な行き方だから、非常に人数が少なくて、しかも非常に団結力が強い。

　過去において、この出光の少数精鋭主義が極端に発揮されたのは、君たちも知っているように戦時中だ。戦時中、軍が戦時統制をやったが、法律と組織と規則をつくって、人間はただそこに並べておけばよい、人間の経験とか心のあり方などは無視する、という行き方をしたんだ。当時、満洲・北支・中支の三地方は、石油の配給量はほぼ同じであったが、まず満洲は、従来、出光が単独で石油配給をやって、少しも不都合はなかったのに、当局は専売制をとったため、大組織・大人数を要し、屋上屋を架す無駄をやった。北支では、各種の委員会とか共同販売会社が出来て、二百人もの人数が配置された。ところが中支では、出光にまかされたため、上の統制業務は出光から二人、役人から一人、合計三人で簡単にやって、石油配給の第一線はすべて出光が完全にやった。こういう極端に違った形が出来上がったんだよ。

そこで、出光で言い出したことが「出光は石油配給というような些事《さじ》をやっているんじゃない。人間の真に働く姿をあらわして、国家・社会に示唆を与えることが出光の目的だ」というあの言葉だ。これが現在では、石油業という法律的定款のほかに、出光の精神的定款になっているわけだ。

それから大東亜戦争がはじまって、南方の占領地域に民需用石油を配給することになったとき、軍は、再び大組織のもとに二千五百人もの人員を配置しようとしたのに対して、出光は、人間を中心として少数精鋭で行くべきことを主張し、結局出光が百

二、三十人で理想的にやった。そして最初出光に反対していた人からも賞讃を博した、という実績があるんだ。

質問　組織にとらわれず、組織を心の中にもつということは具体的にどういうことですか。

出光　組織にとらわれないで正しく行くことは、どういうことかというと、これは実際の場合以外に口では言えないね。去年だったか、或る会社の人事部長が、アメリカで経営学を講義している先生といっしょにぼくの話を聞きたい、ということでやってきた。その部長さんの言われるには、私の会社はもう組織・規則は水も漏らさないようになっている。ちょうど出光さんと正反対だ。しかしながら、人数がたくさんかかって能率は上がりません、と言っておられた。その後、いろいろ出光のことを研究されていたらしいが、去年の暮、出勤簿を廃止されたね。要するに外国の経営は、個人がお互いに権利を主張して対立しているから、組織と規則で人間をまとめている。日本人は本来、対立する民族ではないから、放っとけばお互いに話し合っていく。簡単に言えばそういうことなんだ。

13　対立のない経営

出光　出光には対立はないよ。社内的にないのみでなく、販売店とも対立なく家族的にやっている。ふつう、特約店と親会社というものは、外国では契約だから、両方に心のつながりなんかなく、対立している。契約だから、もし特約店が失敗したら、それはお前のやったことで、親会社としては契約どおり実行していればいいのであって、責任も同情もない。その特約店がつぶれれば、今度は他の人を連れてくる。人間の心のつながりというものはまったくなく、契約で、物によってつながっている。それだから、外国会社は非常に理屈っぽくて、こと細かに契約書をつくっているだけで冷たい。ところが、出光の場合は、販売店と心のつながりがある。

これについては、こういういきさつがある。今から十四、五年前に、大阪の特約店の代表が何人か来て、ぼくに、外国会社に対するあり方のように、契約と金ですべてを決するような、人間味のないようなことを盛んに主張するんだよ。そこでぼくは、あなた方は出光の家族主義をてんで理解していないようだから、やめたらどうです、そのような考え方では、出光とうまく行きませんよ、とこう言ったんだ。ところが、その人たちはほんとうはまじめな人たちだったんだね。それに大阪だから商売の頭も早い。じっとぼくの話を聞いておったが、わかりましたと言って帰られた。今、販売店で出光の家族主義を理解しているのは、大阪のその人たちがいちばん強い。

それから、ガソリン・スタンドというのは、ほんとうは個人経営の小さな店のほうが能率を発揮するんだ。とても給料取りのサラリーマンがやっていては、経費ばかり高くついて引き合わない。ところが出光は、消費者直売主義だから、出光の直営と特約店と両方でやっていた。特約店に経営させるということは、出光の消費者直面主義から言えば、ちょっと崩れることになるが、このほうが能率が上がって、費用が少なくてすむ。ということは、それだけ消費者に対するサービスになる。月給取りの出光の人間が経営していたのでは、経費がかかり、結局それは消費者に転嫁されるということになって、出光の真の消費者本位の精神に反する。そういうことで、特約店にお願いしておいたんだ。ところが二、三年見ておる間に、出光のサラリーマンの経営のほうが能率が上がる。特約店のほうが能率が悪い。それで、これはせっかくやったけれども、今後は特約店はふやさずに、出光の直営のほうをふやそう、ということに会社内部で決議した。ところがよく調べてみると、その特約店の方々が出光の家族主義を理解して、出光といっしょに大家族になっていこう、という気運が盛り上がりつつあるときだったんだ。それならば、これはもう利害の問題ではない。お互いに大家族になって一致団結してやるならば、これは結構なことだから、特約店を大いに奨励して、大きくしていこうということに再びなった。そして大家族主義ということから、特約店という名前を廃して販売店ということにして、直営と第三者の販売店は価格その他すべての面において同等に扱う、ということにした。今ではもう、販売店も出光の大家族主義の中に完全に溶けこんでしまっている。そこに三、四万の従業員がいるが、出光の家族主義が徹底して、出光プロパーの若い社員も第三者の販売店の若い販売員も、だいたい違わないほどになっている。

そこで次に、現在出光がやっていることは、消費者も大家族に入れようということなんだ。出光と消費者が対立せずに、石油に関しては消費者が、もう出光にまかせようということになれば、これは出光の大家族主義がさらに広がることになる。したがって、出光が消費者に今言っていることは、石油は出光におまかせください、価格も供給も出光が全責任をもってやりますから、あなた方は本業に全力を注ぎなさい、ということだ。しかもこれは、出光としては単に言うだけのことではなくして、実際にいろいろな実績を示してきている。戦前の例としては、第一次世界大戦のときに、出光のお得意先には供給を完全にやり遂げ、価格も暴利をむさぼらなかった。その結果、出光としては金儲けはしなかったが、得意先の信用を非常に得て、得意先を獲得したというようなことがある。戦後は、例のスエズ問題のときにも、消費者に価格、供給に少しも心配をかけず、消費者をして本業に専念せしめた。

これは一つの例だが、あらゆる場合に、出光が消費者のために働いているという実績があるから、それが最近芽をふいてきて、消費者のほうも、石油は出光にまかせようというようなところがどんどん出てきている。最近、或る大会社のごときは、出光さん、値段を上げましょうよ、というようなことを向うから言ってこられた。これは、出光が生産調整で圧迫を受けて苦しんでいるのを知っておられ、出光は市場で高いものを買って、われわれのほうに納めているのだから、価格を上げましょうよ、ということなんだ。これはもう出光に油をまかせておけ、ということで、消費者が出光の家族主義に同調している証拠だ。消費者と出光の間は、対立ではなくて信頼だよ。これが日本人の和の経営のあり方ではないかと思う。こういうことは、対立の思想の経営にはありうべからざるもので、日本人の信頼の経営には、大家族主義がそこまで広がりうるということを示すものであって、ぼくは非常に喜んでいるわけなんだ。マルクスも、このような消費者のために尽くすとか、家族主義でお互いに信頼し助け合って行く、互譲互助・和のあり方を望んでいたといえるのじゃないか。それをマルクスは、無理に対立闘争の道を歩かせられたということだね。

対立の思想と信頼の思想との相違が、われわれ石油業でさえも、そのくらいの影響があるから、この日本人の信頼のあり方を世界に広めることは、世界の平和・福祉に大きな影響があると思う。それが日本人の務めじゃないか、ということをぼくは言っているわけだ。

14　尊重すべき人間は愛情と鍛練によって育つ

出光　そこで話を本筋にもどすが、さっき、出光は搾取はないとか、社員全部が経営者である、ということを言ったが、それではどうすれば、そういう経営になるかということが問題だ。

それは上に立つ人が、愛をもって従業員を育てる、そして自ら率先して、努めて難関に向かってこれを鍛練すること以外にはないと思う。愛によって鍛練する、鍛練は口先で従業員を鍛練するのではなくして、上の人が身をもって先に立つということだが、そこにはじめて尊重される人間が出来てくることになる。出光では開店後から終戦まで、そして現在まで、ぼくがいつも先頭に立って、社員とともに苦労してきている。出光の若い人が強いのも、そこに原因がある。

こういう行き方は、経済学で言う経済原則とは全然違う。経済学では、最小の労力をもって最大の効果を収めるということを言うだろう。経営でいえば、なるたけ働かずにイージー・ゴーイングをやって金を儲けるということになると思うが、ぼくはその行き方を採らなかった。同じところに達するのに、最小の労力をもって最大の効果を収める道と、難関を通っていっても行ける道とがあるならば、ぼくは自ら選んで難関を通ってきた。難関を通るということは、人間を養成するということだ。イージー・ゴーイングをやったならば、金は儲かるかもしれないが、人間は養成されない。だから、その到達点よりさらに先に進もうとするときに、イージー・ゴーイングをやってきた人は挫折してしまうが、難関の道を歩いてきた人は、次の難関も容易に乗り越えることができる。ここに金の力と人の力との相違がはっきり現われてくるんだ。最小労力、最大効果の原理は「物の国」の考え方であって、人を重んじる「人の国」では、人を養成することが大事だから、努めて難関を歩くということになる。

ぼくが開店以来、資本家・金持の金を使うことをせずに、一方においては大地域小売業という、資金がいくらでも要る方法を採ったということは、非常な難関を歩いたということだ。それから終戦後、世界石油カルテルに対して闘いを挑んだということも、難関を努めて歩いたということになる。今でもわれわれは、政府とたたかいつつ、自ら進んで難路を歩いている。そういうわけで、愛をもって人を育てて、努めて自分が率先して難関に向かう、ということが基本だ。この愛情・信頼・鍛練の道を実行した結果、出光にはいくつかの非常に変わった特徴というものが出来上がっているわけなんだ。

15　出光の七不思議

出光　出光には馘首《かくしゅ》がない。出光では、入社した社員は子供が生まれたという心持になって、これに愛の手を伸ばして育てることになっている。親と子供の関係というものは、これは理屈や利害の問題じゃない。無条件に子供の将来を考えるということだ。親子の間が親愛の情をもって結ばれるのは、世界中の人も同じだが、他人に対しても子供が生まれたという感じをもちうるのは、日本人の特徴じゃないかと思う。ところが子供は、難関にぶつかるとやめたがる。いったんやりかけたことをやめる、ということは、ちょうど若木の芽をとめるのと同じで、小さな松で終わってしまう。枝は出るが、枝は枝であって幹ではない。それと同じだ。子供が途中でやめると、その人は人間としては、すでに落後していることになるという考え方から、やめさせなかった。外国の経営学からいえば、一つの会社におっても、高い給料をもって雇いにくれば、それがたとえ同業者であっても平気で、よその会社に行く。またさらに高い給料をもって迎えにくるところがあれば、そこに行く。外国では、そういうふうに、いくつも会社を変える人が有能な人となっているようだが、日本ではそんなことは許されない。そんなことをやったら人間はすたる。やりかけたことは、事の如何にかかわらず終始一貫やれ、というのがぼくの方針だった。そこで、ぼくはやめさせないことがほんとうの親切であるというので、やめさせなかった。日本人からすれば、これがほんとうの人間愛じゃないかと思うんだ。

やめさせないことになれば、定年制がないのは当然だ。出光に定年制がないということは、実はやめさせないということなんだ。外国の経営学からいえば、定年制がなければ会社がつぶれてしまう、ということになるかもしれぬが、それは外部の資本家の搾取があるからだ。人間が一生真剣に働いて、そうして老後が安定しない、というバカなことはありえない。この搾取こそマルクスが嫌ったところじゃないか。搾取がなくて、皆で働いたものが社内留保されておれば、必ず老後は安定すると思うんだ。身体が弱くて、四十代でもう働けないというような人は、外国ならやめさせるしかないだろうが、出光では楽隠居をするとか、あるいは病人でもやれるような楽な仕事をやらすとか、適当なことをやらせればよいのであって、皆が仲良く働けるまで働く、というのが人間社会の理想じゃないか。そして、どこでやめるかということは、人間の心の中に組織・規則があるのと同じで、各自が心の中で判断すればよい。そうすると、だいたい私はもう駄目ですからやめましょう、と言ったり、もう君どうだい、やめたら、というようなことが自然と出てくると思うんだ。定年制も心の中にあるということだ。そういう判断のできないような、わがままな者は、出光にはいない。

定年制もなく老後も安定する、という立派なことができるには、各自が自分のことは自分で考えて、互譲互助の精神にならなければ、やれないと思うんだ。そういうわけで、会社をやめるということは、年令などに関係なく、その人の能力の如何によって決すべきであって、それは自分なり、同僚なりの判断、すなわち人間の判断によって自然と決まることであって、規則や組織によって縛られるべきものじゃない。

その次に、出光には労働組合がない。馘首がなく、定年制がなければ労働組合の必要もないわけだ。もっとも昭和三十年、室蘭の油槽所で労働組合が出来たことがある。これは国鉄をレッド・パージになった若い青年が入社してきて、十数名の同僚を誘い、組合をつくった。ところが、結成後二ヵ月を出ずして、その指導者が「出光には労働組合は要りません。解散させてください。このようなことになったのは私の責任でありますから、私をやめさせてほしい。しかし他の人が傷つくようなことはしないでください」と言ってきた。その年はちょうど懸案の徳山製油所が許可になったときだったが、ぼくは徳山製油所が許可になったことよりも、出来た労働組合が解けたほうが嬉しい、と言ったことを覚えている。そういうわけで、出光では労働組合が出来たことはあるが、すぐに必要ないというので解けたんだ。

それから徳山製油所をつくったときに、出光ではじめての工場だから、あるいは出勤簿も労働組合も出来るかもしれない、とぼくは考えたんだが、なんということなしに水の低きに流れるごとく、自然と出勤簿もなければ、労働組合も出来ずにうまく行っている。徳山の隣りの下松は、共産党の非常にうるさい所だそうだが、そこらあたりから、いろんな方法によって労働組合をつくるように誘いかけたらしいけれども、絶対に出来なかった。今では、出光の若い連中が逆に、労働組合はないほうがいいんだ、というようなことをはっきり言っておる。

この三つのことは、要するに人間を愛情で育てた結果だと思うんだ。さっきも言ったように、愛情によって育った人間は非常に純情であるから、お互いが人を疑わず信頼の念が強い。そして互譲互助の日本精神を知って一致団結、和の精神、呼吸とかいうものを会得しておるから、少数で非常に力強い威力を発揮することになる。これが出光の今の形だ。

その次に、出勤簿がない。これは人間尊重の精神から当然のことであって、人間を信頼すれば、出勤簿は要らないと思う。また一方では、自尊心をもっておる人ならば、出勤簿に対して、人間を侮辱するなと言って、抗議ぐらい申しこむのがほんとうじゃないか、とぼくは思うね。日本人には出勤簿は要らないよ。四国には住友化学の新居浜工場や菊本工場があって、一万人の従業員がいるが、三、四年前、タイム・レコーダーを廃止されておるが、非常にいい成績をあげている。ということは、今まで八時半出勤で、八時半に門衛のところに来て、タイム・レコーダーを押して、現場に行って仕事につくのは、九時だったそうだ。ところがタイム・レコーダーがなくなったところが、八時半には現場に行っているという。三十分節約になって、そしてみんなの心持が違ってきた。そんなに信頼されるなら私たちもやりましょうというような気分が出てきたらしい。これが日本人じゃないかね。出光では、今、八時半が出社時間となっているらしいが、八時前にはもう出ている。そして新聞読んだり、ラジオ体操やったり、また地方から出てきてやる会議は、もう八時にはやっている。名古屋の近くの一宮市の市役所でもタイム・レコーダーを廃して、もう一年以上たっている。

役所で廃したのははじめてじゃないかね。ぼくが出光のあり方を話すと、一般の人は「それは出光さんだけですよ、普通はやれませんよ」とこう片づけてしまう。しかし、そんなことはない。現に出勤簿を廃止して経営のあり方、従業員の気持、それから労働組合のあり方が変わってきた、というところが、どんどん出てきたじゃないか。銀行なんかもう相当数になっているのじゃないか。ぼくは最近は、出勤簿を廃止するぐらいなんでもありませんから廃止してごらんなさい、とすすめているんだ。そうまでわれわれを認められるなら、われわれもやりましょうというのが日本人の性格だ。だから出勤簿を廃してお互いが理解し合うと、たとえ労働組合があっても、それは真の労働組合になりはしないかね。

ぼくは労働組合が悪いということを言ったことはない。労働組合というものは、本に書いてあるような主旨なら結構なことだと思うんだ。過去において、労働者が弱かったので、法律によって保護されるということだろうから、当初は結構だったと思うが、現在のように労働者が強くなって、いろいろわがままをしていることは、その法律を悪用しているということじゃないか。これはわがままをしている資本家と同じことじゃないかね。出勤簿なんか廃したら、労働組合は真の労働組合のあり方に帰ってくるんじゃないかと思う。徳山で日本瓦斯化学と昭和電工といっしょになってやっている徳山石油化学工場は、はじめから出勤簿もなく、労働組合も出来ていない。しかも非常に成績がいいそうだ。出勤簿を廃止するということは、おそらく日本では今後非常にふえてくるのではないかと思うね。

次に、給料が発表されていない。これも人間尊重から、人間を金で見積るなんてバカにしている、ということだ。さっきから再三言うように、日本人は金で評価されることを、なんだか、いちばん侮辱されているようなふうに感ずるんだ。とくに九州あたりでは、ぼくの子供のときなんか、お互いに親切なことをして金でもくれたら、「貴様、人の親切を金で買うのか」ということで、なぐり合いになったよ。それで出光では、開店以来給料を発表していなかったんだが、四、五年やっているうちに、或るときこういう話が出た。給料を発表しないということは、上の人がエコヒイキをするために発表しないというふうにとられるから、発表したほうがいいと言うんだ。それで、これはいかんというので、発表することにした。確か十一月の支店長会議で発表したと思うが、十二月に昇給と賞与の査定をやるときに、各支店長はまいってしまった。なにか人間を金で見積るようなことを発表するのはいやだ、やる本人がいやだと言うんだ。だから、発表するのはやめてくれと言ってきたけれども、一度発表することにしたんだから、そのままでいいじゃないか、そういう心持でいいじゃないか、ということで、現在では形式的には発表することになっている。しかし誰もあまり関心をもたず、聞きにもこないから、事実は発表していないのと同じだ。ここらが、マルクスの生い立った西欧の思想と日本の思想との根本的な違いではないかね。氷炭相容れざる思想とも言える。

それなら給料というものはなにか、ということになるが、これは生活の保障である、ということであって、労働の対価とはみていない。ぜいたくは人を殺す、とまで言って、ぜいたくは戒めているが、生活は保障しなければならない。女房や子供が出来れば家をやり、女房の食いぶちを与え、子供の養育費をやる。一人で暮らしているときだって、そうぜいたくに暮らしておらないんだから、女房や子供をもって悲惨な生活に入るということは、親として見ておれない。仲良く暮らしていくためには、まず生活のための衣食が足らなければならない。しかしぜいたくはつつしめということだ。それで出光の特徴は、景気のいいときに、どんどん給料を上げたり、ボーナスをたくさんやったりしていない。給料は生活の保障であって、ぜいたくをするためにやるのではない。あくまでも生活の保障だから、反対に景気の悪いときに下げたり、昇給をやめたりもしていない。必ず今までの標準で、ずっと上げてきている。

これについて面白い体験がある。大正九年のパニックが起こったとき、当時出光は、日本石油の特約店だったが、親会社の日本石油は昇給をストップした。しかし出光は、例によって給料を上げていたんだ。そうしたら日石から抗議が出て、親会社が昇給を止めているのに、特約店が給料を上げるとは何事だ、と言うんだ。こんなことで喧嘩したら損だから、承知しましたと言って、給料を上げないと発表した。しかしぼくは給料は上げるべきものなりという考えがあるので、事実は自分の手もとで昇給させて、それを預かり、積み立てて毎年金利もそれにつけておった。三年ぐらいしたら景気がなおって、もう親会社の日石も給料を上げることになったから、そこでぼくは、君らの昇給はこうなっている、といって発表すると同時に、三年分いっしょに上げたことがある。そしてその間の昇給を貯蓄してやっておったので、皆の貯蓄心の養成にもなった。それだから、給料は好景気・不景気によって変えるということはやっていない。そういうことが、やはり長い間に自然に生きた教訓となって、信頼感が出来てきたと思うね。

あくまでも給料は生活の安定のためのものであって、給料自体が目的ではない。物の分配は、人生の一部にしかすぎないということが、はっきりするだろう。そういう信頼感と、物の分配を第一義的に考えないということから、出光の人が終戦後十年間、極端な耐乏生活も出来たわけだ。ぼくは終戦後、毎年、君らに耐乏生活をやらせて申しわけないと言いつづけてきた。そして皆も「そんなに金のことばかり言わないでやりましょう」と言ってやってきたんだ。これなど一面から言えば、日本人の金を離れた勤勉の現われだよ。勤勉というか、金や物以上にもう一つ尊いことをやろうという気持の現われ、あるいはぼくの心持に報いるといったほうが適当かもしれんが、これが日本人独特のあり方じゃないかと思うね。

こうして給料は仕事に対する報酬ではないとすれば、それでは、本人に対する報酬はなにかということになるが、それは適材適所によって自由に働かせ、人生を楽しませることである。日々の仕事を楽しんで時間も忘れ、公私の別も忘れて愉快に働くということが、ほんとうの人生じゃないかね。こういうふうにして人生を楽しませることが報酬だ。こういう金を離れた心と心のつながりを、日本人はもっている。これが平和・福祉の基礎であるということじゃないかね。だから、日本人はなにも物の分配なんかにとらわれたり、人間を金のみで評価することなどを考えなくてもいいんじゃないかと思う。「物の国」の人は、こういう人間の尊厳というものを知らないから、労働を切り売りし、物を中心として対立闘争することになるように思われてしょうがないね。

それから次に、残業手当を社員が受け取らない。これは戦後、労働基準法で時間外手当をやらなければならないことになったから、やったところが、だれも居残りしなくなった。どうしてかと聞いてみると、自宅でやっているというんだね。そして「私たちは仕事が残っているからやっているのであって、手当を貰うためではない。私たちの生活は安定しています」と堂々たる言い分なんだ。こっちから言いたいことを向うから言った恰好だ。それで時間外手当をやらないことにしたら、今までどおり居残りしてまじめに仕事をしている。こういうことは、出光では当然のこととして行なわれているが、外国人には想像もつかないことだろうと思う。外国の思想に塗りつぶされている日本の会社でも、不思議に見えるらしい。それが出光さんのところだけは別で、私のところは、とうていできっこありません、という言葉になっているんだと思うね。

そこでちょっと面白いことは、ぼくが店をはじめて二、三年したときに、こういう行き方は非常に結構なことだが、これは難事業だから、いったい幾人ぐらいまでやれるかという疑いをもったことがある。そのときは、ぼくはなんの理屈もなしに三百人ぐらいは、やれるんじゃないかと思ったことがある。ところが現在は、出光の社員が一万人と、販売店の人が三、四万人だから、もう人数に制限はないと思うね。のみならず、今日ではこれを日本に広め、さらに世界に広められるんじゃないかと思うようになっている。

16　マルクスの目指すものが、出光の事業経営の中に実現されている

質問　今、出光の経営の考え方の根本と、そこから出てきたいくつかの特徴的な姿について詳しく聞いてきましたが、つまりそういうふうにすれば、マルクスの言う、物や金の支配から解放されるということですね。

出光　出光のこういう形を、マルクスも窮極《きゅうきょく》の念願としていたのではないかと思う。ところが、マルクスは偶然、西欧の対立闘争の国に生まれたから、対立闘争の道を歩かせられて、結局は今日では行き詰まってしまった。だから行き詰まったところをいつまでも歩かずに、日本には仲良く平和に暮らす道があるんだから、翻然として日本の和の道を選んだらどうかと、ぼくは言っているんだ。ところが、外国人にはその体験がないから、この日本人の道になかなか入ることができない。しかし日本人は、現在は外国の対立闘争の道を歩かせられているものの、必ず本来の日本人に帰って和の道にもどることができるはずなんだ。この現われが数年前から出てきているで

はないか。出勤簿を廃止する会社がどんどんふえてきたし、労働組合もない会社が出てきた。

だから、日本人に対するぼくの希望としては、西欧の対立闘争の道、マルクス主義の対立闘争の手段は、もう行き詰まっているんだから、一日も早く、その対立闘争の道は捨てて、本来の日本人に立ち帰って、和の道にもどりなさい、それには、われわれ出光が小さいながらも創業以来五十数年間、対立闘争などせずに、お互いに譲り合い助け合って仲良くしてきている。のみならず、資本は人であって、金は資金であるとか、黄金の奴隷になるな、組織・機構の奴隷になるな、権力の奴隷になるな、数や理論の奴隷になるな、とか言ってやってきている。その結果、マルクスの目指している人類の平和・福祉のあり方の見本をつくっているように思うから、参考にされてはどうですか、ということなんだ。

そして、われわれ出光のあり方などを参考資料とされながら、まず日本人が本来の日本人にもどって、仲良く暮らすという平和・福祉の実体をつくることが必要だ。政治においては派閥争いや政党間の無意味な闘争なんかやめて、身を捨てて国家・社会のために尽くすようにする。教育も今みたいに教育者が労働者と自称して金のみに汲々とし、「物の国」の対立闘争の理屈のみを教えるのではなく、いかにして金を離れた人間を育てるか、いかにして「人の国」「心の国」の子弟を育てるか、ということを真剣に考えて、日本民族の和の精神を身をもって教えるようにする。そういうふうに、日本人がまず平和と福祉の実体をつくって、その実体をもって、対立闘争で行き詰まっている世界に見せてあげるようにしなければならない。

そうすれば、外国からそれを見て、どうして日本はあのように平和に仲良くいけるのかということで、興味をもって、自ら進んで日本を研究しはじめる。そうしているうちに、日本のあの和の道でなくてはならない、ということを、おのずから悟《さと》るようになると思うんだ。このおのずから悟らしめる以外に、外国の人々に日本の和のあり方を知らせる方法はないよ。いくら理屈や学問で説明したって、彼らには対立闘争の体験しかないんだから、わかりっこないよ。

この前、田舎のほうで、ぼくはこういうことを言ったんだ。一般に日本は後進国で、外国は先進国ということが常識になっているが、それは物質文明、「物の国」としてはそういうことが言えるかもしれない。しかし、今日では、その物を中心として考える「物の国」は行き詰まっている。しかもその行き詰まりを解決する道が「人の国」日本にあるんだから、「人の国」の新しい世界では日本が最も先進国であって、「物の国」が後進国じゃないかと言いうる。その自信を財界がもってやれば、出光のような日本人の経営になる。政界・教育界がそれをもてば、日本人の政治・日本人の教育になる。

それで工場の立地条件なども、昔は消費地の近くに工場を建てるということが常識だったが、今後は人間を中心にして考えるべきではないか。都会の人は外国の対立闘争の思想に塗りつぶされて悪くなっているが、田舎にはまだ日本の和の精神が残っている。したがって、工場なども消費地のそばなどということよりも、田舎のほうの人的資源の立派なところが、立地条件になりはしないか。今後われわれは、人的資源のいいところに工場を建てる考えがあるということを言った。そしたら誰か、じゃあわれわれの所は、日本の先進地区ですか、と言った人があった。

今後われわれは先進国、後進国の考え方を変えなければいけないと思うね。「物の国」の時代はもうすでに過ぎた。今や「人の国」の時代に転換しようとするときに、日本が先進国である、という頭をもたなければならない。そして日本が「物の国」の後進国を指導して、対立闘争から平和・福祉の道に導くようにしなければならない。こういうことが言えるのも、われわれが出光という実体をもっているからだ。実体もなにももたずに言えば空念仏だよ。

17　社会構造の改革が先か、人間育成が先か

質問　これまで出光の経営の具体的あり方を通して、いかに人間が疎外状況から抜け出すかについて述べていただきましたが、マルクスと出光の変革の対象やその方法について比較してみますと、変革の対象として、マルクスは社会構造そのものを変えることによって、平和なしあわせな社会をつくりたいと考えたのに対し、店主は、人間そのものが尊重すべき人間に帰ること、一言で言えば、本来の日本人に帰ることによって、その人間が住みよい社会をつくればいいと考えておられる。またその方法としては、マルクスは階級闘争の道をとったのに対し、店主は、まず愛情と鍛錬によって、享楽やぜいたくをつつしむ尊重すべき人間を育成して、その人がいろんなことを判断していけば、立派な社会が出来るということを、現実に出光という事業経営の中で示しておられる。こういうように要約できると思いますが……

出光　社会は人間がつくっているものだから、その人間がまず、心の人間に帰れということだね。愛情を中心としたような人間が、社会の仕組みを仲良く住みよいように

つくればいいんだ。知恵ばかり発達したような人間では、知恵を悪用してなにをするかわからない。とくに大きな戦争の後では、知恵ばかりが急激に発達して心は退廃してしまうのが普通なのだ。それが今日の世界の行き詰まりを来たしている原因じゃないかね。だから心の人間でなくてはならない。最近ぼくは「知るところを忘れて行なうところを知る」という言葉をよく使うんだが、今日のごとき知恵ばかり発達しているときには、知恵を忘れて心の人間となって行なうことが最も必要じゃないかね。心の人間がつくれば、平和と福祉の社会が出来るということであって、理屈でいくら社会構造を変えてみても、なんにもならない。平和・福祉をつくろうとする人間の心が出来て、その心が知恵や技術を利用して、社会の仕組みを考えていくということだ。そしてその心は、日本の平和の三千年の歴史に示されているということだね。

三　歴史と社会

18　マルクスの弁証法的唯物論について

質問　人間解放を目指すマルクス主義の理論的基礎をなしているものは、弁証法的唯物論です。それは、自然と社会に対する一つの見方ですが、その主張するところは次のようなことです。

一、自然も社会も、世界のありとあらゆる現象は、人間の心（意識）の外に、それとは独立に、客観的に存在する物質のいろいろな運動形態である。人間の心（意識）はこの客観的に存在する物質を人間の頭脳が反映したものにほかならない。そしてこの映像は、実践によってその正しさを検証されてますます正確になる。

二、客観的に存在するこの物質、すなわち自然と社会のありとあらゆるものは、すべて弁証法の法則に従ってたえず変化し発展する。弁証法の法則は、あらゆるものはお互いに関連をもちながら変化発展するものであり、その原動力は内的な矛盾である、という。

この弁証法的唯物論を歴史、社会、経済に適用したものが唯物史観あるいは史的唯物論と言われるものです。

出光　君らの説明によると、マルクスは、自然の現象も社会の現象も、物質の運動形態であると言っているらしいが、自然現象はそういうことが言えるかもしれないが、社会に対してそんなことが言えるかね。社会は人間がつくっているものだぜ。人間なくして社会は成り立たない。社会の中心は人間なんだ。だから人間の心を抜きにして、いくら社会のあり方を論じたって駄目だよ。そしてその人間の心の中心は、再三言うように、平和に仲良く暮らすということだ。そこに人間の尊厳があるんだが、そういう人間の心が物質の反映によって変化していくなどということは、本末を誤った、ありうべからざることで、人間の尊厳に対する侮辱だと思うね。ことに今日のように対立闘争で行き詰まった世界の現実をみるとき、平和と福祉をうち立てる人間の尊厳に対する認識が、いかに大事なものであるか、はっきり証明されているじゃないか。

ただ人間は神・仏とは違って、獣類に似た、人間らしい矛盾性をもっている。その矛盾性から、いろいろゆがんだ社会現象も生まれてくるわけだが、それは人間が矛盾性をつつしみながら、平和に仲良く暮らすには、どうすればよいか、ということを判断して、社会の間違いや、ゆがんだ姿を正していけばよいんだ。それが心の尊厳をもっている人間のすることだ。人間が矛盾性をつつしむということが先であって、それをやらずに、いくら社会の仕組みや制度を変えたって、社会はよくなりはせんよ。もしマルクスのように、社会の現象は、人間の心とは独立した物質の運動形態であるというようなことを言うならば、それは人間を社会の奴隷、人間の矛盾性の奴隷になれということじゃないか。

質問　しかし、そうは言っても、人間が社会から影響をうけて、人間の考えやあり方が変わってくることもあると思いますが……

出光　影響のうけ方が問題だ。人間の矛盾性から起こる社会の矛盾に人間が引きずられてはいけない。ぼくは学生時代に、大阪の商人が人間としての矛盾性を発揮している姿をみて、黄金の奴隷たるなかれ、と言って出発したんだが、その場合のぼくは、人間の尊厳というものを自覚して、人間社会はああいう姿であってはいけないと思って、引きずられずに反発したんだ。なにか最近では、自分が悪いことをしたり、堕落したりすることを社会の責任であるかのように言う風潮があるが、人間が、自分でつくって自分で矛盾性を発揮している社会に影響をうけ、引きずられるなどということは、主客転倒しておりはしないか。そんな本末を誤るようなことをしてはいけないということなんだ。社会は人間がつくったものだから、矛盾性があるのはあたりまえだけれども、自らの矛盾性を戒めつつ、それを克服し、間違いを改善していくところに、人間の人間たる所以、すなわち人間の心のあり方があるということだ。

質問　その矛盾ということですが、店主は、社会の矛盾も結局は人間の矛盾性から生まれるように言われます。私たちも人間が矛盾性をもっていることはよくわかるのですが、社会現象における矛盾という場合、人間の矛盾性とは関係ないように思います。

農業を例にとりますと、或る農村で数十戸の農家がわずかの田地をおのおの所有して、昔ながらの旧式の農耕をやっているとします。そこにトラクターとか開墾機とか、いろいろの新しい機械が出来てきて、それを使えば非常に能率があがる。しかし従来の小規模の所有形態では、その機械を活用できない。その場合、田地の所有形態と機械の生産力との間に矛盾がある、というふうに理解できると思いますが、そういう矛盾を店主はどう考えられますか。

出光　それは変化というものであって、人間から独立した矛盾なんてものではないよ。変化はいつの時代でも、どういう社会でもあるよ。そういう変化に対して、平和に仲良く暮らすという人間の心で正しく対処していけば、そこに進歩繁栄が生まれる。反対に、人間が我欲・エゴイズムの矛盾性を発揮して対処すれば、そこに矛盾が起こって、対立闘争したり混乱したりして退歩となる。変化も、人間次第で進歩ともなれば退歩ともなる。要は人間が心を正しくもって対処していくことだ。またこういう言い方もできる。われわれが身につける着物を例にとって言えば、春夏秋冬の気温の変化に対して、夏はランニング・シャツだけで暑さをしのぎ、冬は毛糸のシャツを着て防寒する。これは気温の変化に対して、いかにすれば健康を保てるか、そこを人間の心が判断するわけだ。しかし夏でも、寒いと感ずるときは、毛糸を着ることもあるし、冬でも暑いと思えば、毛糸を脱ぐ。要するに人間の心が判断して、いちばん健康に適した着物を身につけていく。これが人間のすることだ。ところが学問とか理屈一辺倒でいけば、夏はランニング・シャツ、冬は毛糸を着用するものなり、という原則にとらわれて、そこから一歩も抜け出せない。だから要は、着物は人間の健康のためにあるものであるという根本をつかんでおいて、あとはその時その時に人間が適宜判断していけばよいということだ。

質問　その矛盾についての考え方が、マルクスと店主とでは根本的に違うようですね。マルクスは社会に矛盾があるから人間も矛盾性をもってくる、という考え方ですが、店主は人間が矛盾性をもっているから社会に矛盾が出てくると言われる。

出光　人間の矛盾性というものは、人間が生まれつきもっているもので、外部から与えられるようなものではない。社会がどのように変わろうとも、外部の環境がいかに変化しようとも、人間の矛盾性はなくなりはせんよ。なくなれば神や仏になってしまう。それでは、その人間の矛盾性とはなにかというと、最も簡単にわかりやすく言えば、一方に平和にしあわせに暮らしたいと願いながら、他方においてその平和・福祉をこわす利己心、エゴイズムをもっている。そういう相反したものを人間はもっているということだ。そういう矛盾性をもった人間が社会をつくっているのだから、それが社会に反映して、社会現象や物をとおして、人間の矛盾性があらわれるんだ。もっともマルクスは、そこに出てきた矛盾がまたふたたび人間を支配するということを、弁証法で言っているんだろうが、とにかく人間の矛盾が先にあって、社会の矛盾はその結果なんだから、人間が矛盾性を発揮しないようにすること、言い換えれば、平和に仲良く暮らすという人間の尊厳を自覚して実行することが根本だよ。その根本に立ち帰らないかぎり、いくら社会の仕組みや制度を変えたって、社会の矛盾はなくなりはしないよ。

質問　そういう店主の考えでいけば、弁証法的唯物論のような、人間の意識から独立した客観的な法則は、社会には認められないわけですね。

出光　人間の尊厳とか心とかを度外視して矛盾だけを認めるのは、人間と社会を引き離しているということであって、ぼくの言う「物の世界」のあり方だ。弁証法的唯物論は、この「物の世界」に基礎を置いている考え方であって、そういう「物の世界」

に物を中心とした法則があてはまるのは当然だろう。しかし、その「物の世界」は今日では対立闘争で行き詰まって人類全滅の危機に追いこまれているということなんだ。だから、尊厳をもった人間が、我欲・エゴイズムの矛盾性を戒めつつ、平和と福祉の「人の世界」に引きもどすということが、現在の人間のすることだ。それには行き詰まった西欧民族に、日本民族が救いの手を伸べなければならない、というのがぼくの言い分だ。

人間の尊厳、心を尊重する「人の社会」には、そんな物の法則はあてはまらん。またあてはめてはならんよ。「物の世界」から「人の世界」を律しようとするところに、弁証法的唯物論の誤りがあると思うね。

質問　弁証法的唯物論では、すべてを物質的な基礎から理解しなければならぬし、また説明できると言っているのですが、この点どう考えられますか。

出光　人間社会には物の面もあるが、それは一部分であって、物以外のものがたくさんある。まず第一義的なものとして、平和と福祉をつくる心のあり方、それから霊魂とか霊感とかいった、目に見えないものがある。したがって物の面は物質的なものから説明できるだろうが、物以外のものを物質から説明するなんてむちゃだよ。ぼくは学者じゃないからむずかしいことは言えんが、わかりやすく言って、人間は肉体と精神・霊魂から出来ていると思うんだ。その肉体は物だから、物質的な面から説明がつくかもしれない。しかしそれでも、髪の毛や爪などをはじめとして、肉体に関する物の一つでも人間がつくり出せるかね。つくり出せやせんよ。いわんや霊魂においてをやだ。

質問　しかしソ連の学者あたりは、蛋白質を合成して、生命もやがてつくり出せる日が来るだろうと言っていますが……

出光　たとえ蛋白質を合成して生命をつくれても、霊魂をもった人間はつくれんよ。そこまで学問がのぼせあがっちゃいかんよ。やはりそこに神秘的なものを是認して、その前に頭を下げる謙虚さが必要だよ。

質問　人間に心とか精神があることはわかりますが、霊魂ということになれば、感知しようがありません。少なくとも一般の人には、想像はできても実感がありません。ことに今日のように科学が発達してきたときに、そういう不可知のものを前提とすることは、非科学的という譏《そし》りを免れないと思いますが……

出光 そこが、ぼくが学問や人間があまりのぼせあがっちゃいかん、と言っている点なんだ。感知できないからない、など、そんなことは言えんよ。霊魂を否定し肉体とか知識ばかりを主張するようになったところに、今日の世界の行き詰まりがありはしないか。

ぼくも霊魂不滅論まではわからん。ただぼく自身としては、あなたは何代か前の先祖の生れ代りで、その先祖は非常に社会に奉仕された人で、その人の余徳を貴方は受けておられる、と言われて、二、三年後にそれが別の方面から実証されたという体験をもっている。しかしそれはここで論ずべきことでもないので、強調する意思はないが、霊魂などについての体験をもった人はおそらくたくさんあると思うね。とにかく、人間が霊とか魂などをもっていることは確かだ。人間は霊魂をもって生まれてきているとも言える。そこで、そういう霊魂と肉体をもって生活しているのが人間なんだから、肉体の面から言って、物も必要であることは当然だ。しかし、その物は人間からみれば一部にしかすぎない。霊魂とか心とかいうものが、人間生活のあり方の上で中心をなしているんだ。ところが唯物論のように肉体を重視して、霊魂や心を認めないほうから言えば、物がすべてであって、物の世界になるのは当然のことだ。しかし肉体も霊魂も認めるほうから言えば、物も必要であるが、それは一部であって中心は霊魂とか心のあり方ということになる。だから、肉体と霊魂ということについて言えば、肉体を中心とした世界は行き詰まったんだから、霊魂とか心の存在を認めて研究する時代になったのではないかと思うんだ。

それから今、はやりの福祉にしてもそうだ。あまりに肉体の福祉ばかり唱えて行き詰まってしまって、精神的に苦しんでいるのが世界の現状だ。肉体の福祉とは、言い換えれば、享楽・ぜいたくということだ。享楽やぜいたくが中心となれば、どうしても利己となり、物をめぐって対立闘争することとなって、到達点は人類破滅しかない。いまの「物の国」の行き詰まりがはっきりそれを示しているだろう。だからこれからは、心の福祉というか霊魂の福祉というか、お互いに仲良くして平和を楽しむというほんとうの人間の福祉を第一義としなければならない。ぼくはぜいたくは人を殺すとさえ言って、ぜいたくを戒めてきているが、これが「人の国」の日本人のあり方ではないかと思う。ところが今、政治面でいわれている福祉論も、肉体の福祉ばかりで心の福祉が忘れられてはいないか。人間尊重にしても、肉体の尊重ばかり言われて精神の尊重が抜けているように感じる。

もう今後は精神・心・霊魂の福祉を強調しなければならぬ時代に入ったと思うね。

質問　店主のお話をお聞きして、マルクスは物の面から考えているのに対して、店主は人の面の中に物の面をみるといいますか、物は否定はされず、必要だけれども一部だ、という考え方をされています。本来、思想や哲学の流れを大きく分けますと、唯物論と唯心論との二つに分けられます。その違いは、世界の根源を物質とみるか、精神や心とみるか、というところにあります。この区別からいくと、店主の考えは唯心論に近いけれども、唯心論ばかりで割り切れないものもあるように思いますが……

出光　唯物論とか唯心論とか、どうせ外国語の翻訳なんだろうけれども、ぼくは唯物、唯心というような考え方には賛成できんね。物だけ、心だけなどということは、現実の世界にはありえんよ。「唯」という字を取り去って、物を中心とする考え方か、心を中心とする考え方かということであれば、ぼくは、心を中心とする考えをとるということは言えるけれども、しかし物も否定しない。ぼくは「人の世界」という言葉を使っているが、社会は人間が中心となってつくっているものだから、人間として衣食住、物が必要なことは当然だ。しかしそれは一部であって、人間としてもっとほかに第一義的な大切なことがある、それは人間の心とか精神・魂であるということなんだ。

心と物と両方で成り立っているのが世界だよ。それを唯心とか唯物とかいうから、対立してケンカになるんだ。心と物と両方認めて、しかしながら重点は心のほうに置くということならば、仲良くいけるんじゃないかね。ただその場合に、大局的にいって、日本は心に重点を置き、西欧は物に重点を置いたということは言えるね。

質問　今、店主は、日本は心に重点を置き、西欧は物に重点を置いたと言われましたが、西欧にも愛とか心のあり方を説いた思想・哲学はいろいろあります。古くはギリシヤ時代のプラトン、マルクスの少し前の時期にはカント、ヘーゲルなどは心や精神の哲学の代表的なものと思いますが……

出光　ぼくは、思想とか哲学などは、その出発点というか目標は、人間社会が平和に仲良くしあわせにいくにはどうすればよいか、ということだろうと思うんだ。そしてそういうことを考えた人は、洋の東西を問わずたくさんいたに違いない。問題は、そういう立派な思想・哲学が実行に移されたかどうかということにある。日本においては、無欲・無我・無私の祖先が平和に仲良く暮らすことを実際に実行されている。いわゆる思想・哲学の目指すものが実行されて、実体が出来上がっているんだ。ところが西欧では我欲・征服・利己の祖先だから、いかに立派な思想や哲学があっても、それらは実行されていない。したがって哲学や思想が観念的・抽象的となり、神も天にましますとならざるをえない。これに反して、日本の神は人であって、実行者なんだ。ここに日本と西欧の神のあり方の根本的な違いがある。

質問　その天にましますということについてですが、フォイエルバッハは『キリスト教の本質』という本で、宗教を批判して神を天上から地上に引きおろしたと言われております。大内兵衛氏の『マルクス・エンゲルス小伝』には次のように書かれています。（岩波新書、二〇～二一ページ）

「フォイエルバッハはその宗教の批判において、自然はいかなる哲学からも独立に存在している、人間はその自然を土台にして存在している。いかに神のお思召といっても結局において神のものではなくて人間のそれである、だから宗教とは、人間のもつところの思想がそこにかくされている宝庫である、といった。いいかえれば、神は愛だが、その愛はもともとは神のものでなくて人間のものだ、だから本来からいえば人間が人間の神である、宗教は人間の自己疎外の形である、すなわち神崇拝は人間崇拝である、と。要するに、フォイエルバッハは宗教を天上から地上に引おろしたのだ。それをやってのけるために、彼は思惟から存在を規定しないで、その反対に存在から思惟を規定したのである。この考え方は、ドイツの観念哲学にとっては革命的だった。マルクスがまだ学生であったころ、ヘーゲルを止揚したいと考えたが、どういう形でそれを実現したらよいかについては迷っていたので、このフォイエルバッハに驚喜した。」

出光　西洋の哲学や宗教がいかに神の愛や真理を説いても、現実にそれらは実行されていない。言い換えれば、神は天上に上がってしまって、現実の人間社会とは何らかかわりのないものになってしまっていたんだね。だからフォイエルバッハは、そんな観念的・抽象的な神とか哲学では意味がないので、天上の神を地上に引きおろして、神の愛を人間の愛にしようとしたんだ。これは日本人から見れば当然のことだと思うね。日本の神は人であり、祖先なんだが、数千年前から地上にあって、愛とか哲学の目指すところのものを実行されてきているんだからね。

ところで、フォイエルバッハは存在から思惟を規定しようとして、神を地上におろしたというけれども、それはただそう解釈しただけのことではなかったのか。神とか愛をどう解釈するかということよりも、いかに実践し実行するかということが大事なことだ。実際は依然として、神の愛は地上で実行されなかったので、それではフォイエルバッハもヘーゲルと同じように観念論・抽象論であることに変わりはない。マルクスが、フォイエルバッハの哲学と社会の実情との食い違いを見てそれに不満をもち、それを観念論だと言って批判したのは当然だ。そこでマルクスは、神の愛が人間の愛となって地上で実行されることを望み、実行に移そうとしたけれども、マルクスの生まれた西欧は対立闘争の土地なんだから、日本のような和の道がない。やむなく階級闘争という対立闘争の手段をとって、結局は行き詰まったということじゃないか。

マルクスは、フォイエルバッハが神を地上に引きおろしたことに驚喜したというが、もし日本に神の愛・哲学が数千年前から実行されていることを知っていたら、驚喜どころか、転倒したんじゃないかと思うね。(笑)

質問　マルクスがベルリン大学に学んだころは、ヘーゲル哲学の全盛時代で、マルクスもヘーゲル哲学の強い影響のもとに育ったわけですが、ヘーゲル哲学の観念的なところが納得いかず、なんとかして、ヘーゲル哲学を克服したいと考えていました。それでフォイエルバッハの唯物論的な考え方がマルクスに一つの手掛りを与えたわけです。

出光　いかにヘーゲルが精神とか理性のあり方を説いても、現実に搾取・被搾取とか圧迫・専制とかがあれば、マルクスから見て、ヘーゲル哲学が抽象的・観念的なものに見えるのは当然じゃないか。ヘーゲルの言っていることと反対のものが実行されているんだから、マルクスから唯心論とは反対の唯物論を唱えられて、攻撃されても一言もないということになりゃせんか。

あるいはまた、こういう言い方もできはしないか。カントとかヘーゲルなどの哲学の目指すものが、日本のように実行に移されていたとしたら、マルクスがヘーゲルを観念的・抽象的で「逆立ちしている」と言って、唯物論をもって現われる必要もなかっただろう。

このように見てくると、日本の祖先が観念的ではなくして、哲学の目指すものを実際に実行された、ということは偉大なことだよ。ぼくが日本に生まれ日本人として育って、そういう実体をもってマルクスを見ると、マルクスの言っていることが逆立ちしていておかしく見えてくるんだね。

質問 最初の質問にも述べましたように、この弁証法的唯物論というのはマルクス主義の基礎理論でして、マルクスはこれを社会とか経済とか歴史に適用し、分析して行ったわけです。その意味で、今までの議論はマルクスと店主が最も基本的な問題点で対決されたともいえるわけです。

出光 ぼくもそうだろうと思っていた。マルクスには『資本論』とか『共産党宣言』とか何十冊という著作があるそうだが、この弁証法的唯物論に対して、はっきりした自分の考え方をもっていればいいんじゃないか。あとのマルクスがやったことは、対立闘争の武器を論じているようなものだと思うね。こちらは平和主義で非戦論者だから、戦争の用意はしないでいいよ。(笑)

質問 マルクスは店主と同じように、平和に仲良く暮らせる社会を目指しているわけですが、弁証法的唯物論のような考え方をしたから階級闘争・対立闘争の道に走ったのでしょうか、あるいは対立闘争を前提としたから唯物論をとったのでしょうか。

出光　マルクスの場合、唯物論と階級闘争とは不可分のようだ。しかし、ここでもしマルクスが日本に生まれて、日本の仲良く助け合っていくという平和の実体を体験していたならば、はたして唯物論などを唱えたであろうか。出光が、金の奴隷になっている金持の姿とたたかいつつ「人の世界」の道を歩いて、唯物論にはならなかったように、マルクスも資本家の搾取とたたかいながらも「人の世界」の道を歩いて、唯物論には走らなかっただろうと思うんだ。かりに唯物論を唱え、階級闘争の道を歩んだとしても、それは資本家との闘いの手段として利用するにとどまったんじゃないのか。そして資本家が覚醒したのちは、対立闘争の唯物論は捨ててしまって、人類全体の平和・福祉を考える日本の和の道に入ったんじゃないか。ぼくにはそう思われて仕方がないね。

質問　マルクスと店主のあり方を比べてみますと、歴史とか伝統の違いが、いかに大きなものであるかがよくわかります。マルクスも店主と同じように、平和なしあわせな社会を目指し、資本主義社会において人間が金や物に疎外されて、それらの奴隷になっている姿を解放せんとしたわけですが、いかんせんマルクスは、対立闘争の土壌に生まれて、和の道を知らなかった。そこでやむなく唯物論にならざるをえなかったというわけですね。

出光　そうなんだ。その意味では、ぼくはマルクスに同情している。しかしマルクスは、奴隷解放を唱えたけれども、マルクスの唯物論をおしすすめると、人間が物や社会の奴隷になる、という結果にならざるをえないのじゃないか。どうもそういうふうに思われてならない。そのような物と人とを本末転倒するなというのが、出光の言い分で、それが人間尊重ということであり、出光が五十数年間、事あるごとに奴隷解放を唱えてきているのもそのことなんだ。そして、われわれはたんにそれを唱えるだけでなく、それを実行してきている。そこに尊さがあると思うんだが、簡単に振り返ってみると――

一、黄金の奴隷となるな。――まず学生時代に黄金の奴隷となるなと叫んで、創業以来、資本家の搾取を戒めてきている。そして「資本は人なり、資金は金なり」と言って、資本と資金をはっきり区別している。

二、法律・組織の奴隷となるな。——それから戦時中は軍が法律・組織をつくって国策会社をつくり、人を物扱いにしたときに、出光は満州・中国大陸に人の真に働く和の実績を示して法律・組織の奴隷にならなかった。このときに出来た言葉が、すなわち「出光は石油配給という些事をやっているのではない。（対立闘争を排し一致団結して）人間の真に働く姿を顕現して国家・社会（軍および官僚を指す）に示唆を与うるものである」というあの言葉だ。そしてさらに陸海軍の南方全地域における石油配給に偉大なる成績をあげ、少数精鋭主義のあり方を遺憾《いかん》なく発揮した。この言葉は現在、出光の精神的定款となっている。

三、権力の奴隷となるな。——次が権力の奴隷となるな、だ。終戦後、進駐軍経済科学局（ＥＳＳ）は出光を石油業界から抹殺せんとしたが、出光は進駐軍の万能の権力に屈しなかった。また出光は終戦後二十年間、「日本政府の石油政策は無主義・無方針のみならず、誤った道を歩いている」と言い続けて、現在でも公開の席では必ず繰り返している。この正しい主張は、今日では完全に了解されるに至った。これは権力の奴隷にならなかったということだ。

四、理論と数の奴隷になるな。――独立後は、理論と数の奴隷になるなと言っている。理論というよりむしろ屁理屈といったほうが適当かもしれぬが、勝手な理論を多数決で通すというのが現在のあり方である。出光は政府の権力と二十社の同業者に対して、正しい信念の上に立って孤軍奮闘している。これは屁理屈と数の奴隷になっていないということである。

五、主義の奴隷になるな。――本年になって出来た言葉である。マルクスもぼくも、最後の目標は人類の平和と福祉である。ぼくは和の道を歩いて、四十年前に資本主義・社会主義・共産主義を完全に咀嚼し握手させたが、マルクス主義は対立闘争の道を歩いて完全に行き詰まっている。世界は対立闘争で行き詰まって、人類は全滅するかもしれない。いつまでも、対立闘争のみを金科玉条としていることは、平和・福祉の目標を見失って、手段にとらわれ、主義の奴隷になっていることのように思われる。

質問　その奴隷になるなということですが、店主はけっして金や組織や理論などが不必要だと言っておられるのではないと思います。尊重はするが奴隷になってはいけない、ということでしょうが、一般にはなかなかこの呼吸がわかりません。そのあたりを少し具体的に話していただけませんか。

出光　この奴隷になるなという意味は、けっして金や法律・組織・機構や権力、それから理論・数、あるいは主義などを無視せよとか軽視せよとかと言っているのではない。そうではなくて、それらのもっている力とか価値を十分認めて、尊重はするが、それらの奴隷にはならない、ということなんだ。

まず最初にぼくが言った、黄金の奴隷になるなということだが、このことについて、或る外国の新聞記者がぼくに、「黄金の奴隷になるなと言いながら、なぜ金儲けをするのか」という質問をした。そこでぼくは、「おまえは金の奴隷になるということと、金を尊重するということの区別が立たんのか」と言ったら、少し考えこんでいたが、しばらくして「ああわかった、わかった」と言った。おそらく頭のいい記者だったと思うが、金の奴隷になるということは、もう金さえ儲ければいい、人に迷惑をかけようが、国家に害を与えようが、自分の人格を落とそうが、なんでもいい、金さえ儲ければいい、ということだ。ところが、金を尊重するということは、経費を節約する、無駄をはぶく、自分をつつしむ、合理的に経営する、等々のことなんだ。この資本主義時代には、金を無視することは自己破滅だ。だからこれを尊重しなければならんが、金に人間が振り回されちゃならん、ということなんだ。つまり、人間が金や物の主人になるということだね。このことは別の言葉で言えば、出光では、資本は人なり、資金は金なり、となっている。

その次の、法律・組織・機構の奴隷になるなということについてだが、ぼくは法律・組織・機構が不要であると言っているのではない。立法の主旨、組織をつくる目的など、それぞれ立派な意義がある。社会を構成し、その中で働き、人が自発的に和の姿を保って、仲良く能率をあげるために必要な法律・組織などは、遵守し尊重せねばならぬのは当然である。ただそれらを対立闘争の道具にしたり、法律・組織をむやみやたらにつくって、屋上屋を架すようなことをやり、それに人間が縛られて人間らしい判断力を失い、烏合の衆になってしまうことがいけない、と言っているんだ。

それから権力の奴隷になるなということだが、権力者が搾取したり、人間の尊厳や自由を無視して圧迫したりすることは、人間が権力の奴隷になっている姿であり、ぼくはそれを戒め、そういう権力に対して終始たたかってきたんだ。しかし権力が全部悪いと言っているのではない。なんでもかんでも権力に反対するのではなくて、それが仲良く平和な社会生活を営むために、正しい心から生まれた政治なり指導なり、あるいは統制などであれば、もちろん、社会を構成している一員である以上、当然それに従い、それを尊重していかなければならない。

次に、数や理論の奴隷になるなということについてだが、これも、世論や理論、学問を無視せよと言っているのではない。多数の意見を聞くことは当然であり、とくに声なき声に耳を藉《か》すということは大切である。ただ、数や理論にとらわれて人間の正しい判断力、人間の質を見失ってはいかん、ということを言っているんだ。

最後に、主義の奴隷になるなということも、それらを無視せよということではない。主義には必ずなにかそこにいいものがあるはずであるから、それは採り入れ、尊重しなければいけないが、人間の最高の目標たる人類の平和・福祉を目指すには、主義の奴隷になって対立闘争してはいけない。すなわち、人間が主義の上に超然として、平和に仲良く暮らすために、それらの長短を取捨選択していかなければいけない、ということをぼくは言っているんだ。

ぼくは一生、終始一貫言っている。社会は人間が構成しているから人間が中心である。そして、二人以上仲良く暮らすことである。それには「お互いに」という和の考えをもたねばならぬ。人間の矛盾性から当然出てくる我欲・利己・わがままを主張することをつつしみ、お互いに譲りお互いに助け合う、というすこぶる簡単な福祉の真理を実行に移すことである。この実行は、矛盾性をもつ人間には至難中の至難である。言うは易く行なうは難し、ということである。この簡単な真理を、微に入り細をうがって面倒くさくしているのが、哲学のように思えてならない。同時に、学問や理論にとらわれて、むやみやたらと対立闘争を強化しているのが、主義の奴隷になっている人のように思われてならない。いかにすれば仲良くなれるか、この簡単なことを実行することである。これが人間のすることであり、人間の尊厳である。自分がつくった社会で自分が矛盾性を発揮している、その社会の間違いを正すことが、人間のすることであって、その社会に人間が左右されるということは、人間の矛盾性の奴隷になれということではないか。仲良くするという、人間の尊厳性が、人間以外のすべてを支配し活用することであって、尊厳と矛盾との本末をとり違えてはならない。人間は社会の奴隷になってはならない。あくまでも社会の中心となって、平和・福祉の社会をつくらねばならぬ。

19　唯物史観と日本の歴史

質問　これまでマルクスの弁証法的唯物論に対して、店主の考えをいろいろとお聞きしてきましたが、次にこの弁証法的唯物論を歴史、社会発展に適用したマルクスの唯物史観について、お伺いしたいと思います。
マルクスは歴史が発展することを認め、具体的にはどの民族の歴史も、原始共産社会から奴隷制社会へ、さらに農奴制社会へ発展し、この農奴制社会から資本主義社会が生まれ、やがてこの資本主義社会が崩壊して社会主義社会が実現する、と言います。店主はこのような歴史発展の考え方に対してどのようにお考えですか。

出光　マルクスの育った対立闘争の西欧の「物の国」の歴史は、そのとおりになるのはあたりまえだけれども、日本の和の「人の国」の歴史には、あてはまらんよ。明治以前の日本を考えれば、事実が証明している。日本には奴隷も農奴もなかったからね。

対立闘争の国は理論の奴隷だから、一プラス一イコール二というような法則で証明できるかもしれないが、人を中心とする日本では一プラス一イコール二プラス人情、それに和の国体を加えなければ答は出てこない。要するに、日本と外国とでは、白と黒の違いが何千年も前に出来上がっているのだから、日本にはマルクスの「物の世界」の法則をそのままあてはめてはならない。

質問　すると日本の歴史はマルクスの言うように、古代から封建社会、そして現代の社会に進んできたのではない、と言われるわけですね。

出光　人間の歴史の各時代をどう名づけるかなどは、問題ではないんだ。そしてまた人間の物質的な生活条件とか、技術的な生産方法などは、昔と今では、確かに進んできているよ。しかしぼくが歴史を見るときにいちばん強調したいことは、歴史の中に流れている本質的なものがなにか、ということだね。そういう観点から見れば、西欧と日本とではまるっきり違う。

いつも言うように、西欧は我欲と利己の祖先からはじまって、征服─革命、征服─革命とつづいてきているから、国民はいつも生命・財産の危機にさらされて頼るものがない。否応なしに国民は物質に頼り、自分に頼るようになる。したがって西欧の歴史は、物質を中心として対立闘争して動いてきたと言える。

それに対して日本は無我・無私・無欲の祖先からはじまり、皇室が中心におられて、無防備の住まいをなされ、国民は外国のような生命・財産の危険を感ずることなく、また残酷な奴隷制などもなく、平和に二千年もずっと暮らしてきた。この皇室を中心として、国民が心と心でつながって仲良く暮らしてきたということが、日本の歴史の神髄なんだ。物の面から見た歴史は、それにくっついたものなんだ。

長い歴史の間には、物欲・権勢欲に迷わされた者も出て、そういう人間の矛盾性から、皇室をないがしろにしたり、利用しようとしたりする者もあったけれど、これは歴史の濁りとでもいうべきものだ。本質は、皇室を中心として国民は無我・無私の姿を教わり、みんなが仲良く平和に暮らしてきたということだ。その結果、心を重んじ、物欲には関心の薄い国民性が出来上がってきたんだね。

そこに物欲を超越した清廉潔白、自己を超越した責任感が出来てきた。これが武士道である。武士は金銭に恬淡《てんたん》として、はなはだしきは、金銭のことを口にするのも嫌ったという気風も出来た。これは今日から見れば、行き過ぎの面があった。武士が金の大切なことも知って、金を尊重することを知っておったならば、ぼくが水島先生から教わった士魂商才ということになって、理想的な社会性をおびた実業家を生み出しただろう。そして日本の官吏、教育者が世界の垂涎の的となっていた所以も、この清廉潔白の気風と責任感の美しさをもっておったからである。これが物を超越した人間の尊い姿ではないかな。したがって日本の歴史は、人間の心を中心として動いてきたとも言えると思うね。ぼくが日本の歴史を説明するのに、国体を忘れてはならない、と言う意味もそこにある。

質問　そうすると、日本の歴史は、古代から現代まで、物中心ではなく人間中心で動いてきた、と言われるわけですが、それを推し進めてきた原動力を、どのようなものと考えられますか。マルクスは、人間の社会の根本にある経済関係、すなわち生産関係と生産諸力の矛盾が歴史を動かす原動力だと言っていますが……

出光　「物の国」では確かにそうだろうね。物を中心として対立し闘争することが「物の国」の歴史の原動力であろうが、しかしそれは現在は行き詰まって、人類全滅の危機に陥っていますよ、ということなんだ。ところが日本では、物は足ればよいということで、お互いに譲りお互いに助け合って仲良くしあわせに暮らしてきている。そうすると日本の歴史は、どうして進歩するのか、という反論が出るかもしれないが、日本人は対立闘争ではなくて自由競争するんだ。自由競争と対立競争は異なるということについては、最初に詳しく述べたが、自由競争では、まず自分がしっかりして能率をあげ、一方では相手の立場を考えて、そんなことをしたら落後しますよ、というぐあいに相手をよいほうに引きずっていく。そこには対立闘争はなく、お互いに切磋琢磨して平和の社会をつくっていく。それが進歩の真の姿なんだ。この意味の自由競争は、社内でも言える。出光ではお互いが励まし合って対立闘争など絶対にない。

これに対して対立闘争は、破壊に導く。この進歩と破壊の違いが、自由競争と対立闘争の違いなんだ。外国ではすぐ対立闘争イコール自由競争イコール進歩というふうに考えるが、これは外国でも、自由競争が進歩の母であることは認めているんだね。しかし自由競争と対立闘争が根本的に異なる、ということを知らないから、破壊を目指す対立闘争と共存共栄の自由競争とを無理にひっつけることになるんだ。自由競争と対立闘争の違いがわかるのは日本人だけなんだ。

だからいつの世でも、人間がしっかりして、人のため、社会のため、平和・福祉のためという根本をはっきりとつかんで、どうすれば仲良く平和に暮らしていけるか、ということを考える。この仲良く平和に暮らしていこうという心構えで、そしてお互いに切磋琢磨して自由競争していくということが、日本の歴史を動かしてきた原動力である、とぼくは思うんだ。

20　資本主義のあとに来る社会はどんな社会か

質問　マルクス主義は資本主義社会を一つの歴史的な発展形態と見ており、したがって封建社会が発生し発展し崩壊していったように、遅かれ早かれ資本主義社会も崩壊していくものと見ています。つまり、資本主義社会は永久的なものではなく、やがて階級のない社会主義社会にとって代わられるものとしています。店主は資本主義社会の次の社会をどう想定されますか。

出光　資本主義社会がこのままつづくか社会主義社会になるかは、物質上の問題であって、日本にとっては第二義的なことなんだね。物質の問題を解決しても人間は幸福にならないと思うし、社会の問題についてもほんとうの解決はつかない。そこで第一義的には、人間そのものの問題を解決すべきで、物質的な問題は第二義的なことなんだ。資本主義が矛盾をもっていて、その結果崩壊する、しないなどということは、物の面から見た一つの理論であり、あくまでも人間の幸福な社会は、いかにしてつくられるかということを第一義に考えるべきだろう。今のままで行って平和になる、と言える人があるだろうか。対立的な思想にもとづいて闘争して行って、はたして世界が平和になるだろうか。

ぼくは人間のあり方には、対立闘争の「物の世界」の西欧のあり方と、出光のようにお互いに仲良く暮らしていくという「人の世界」の日本のあり方との二つがあると思う。現在の日本はこの中間にあって、外面は「物の国」に塗りつぶされているが、芯には日本人の民族精神が流れている。日本人であるから、この外国色は取り去りやすいんだ。そして日本人が本来の姿に帰って、政治家も自分を捨てて国のために働く、政党も対立闘争じゃなくて、どうしたら日本が平和と福祉の国になるかを、意見の相違をぶちまけて議論する。教育界も金を中心として対立闘争するようなことをせずに、平和に仲良く暮らす和の道を青少年に身をもって教えるようにする。産業界もただむやみやたらと対立するだけでなく、強いほうがまず譲り、お互いに励まし合い、自己のためだけではなく全体を考えて自由競争をやる。こういう社会になることが望ましいが、それは資本主義社会・社会主義社会・共産主義社会という言葉で表わされるような、狭い意味の社会ではなくて、それらのもっている長所はみな採り入れて、一つのものにとらわれていないような社会、言ってみれば人を中心とした社会とでも言えるかもしれないね。

もし今のように主義にとらわれて対立闘争をつづけて行けば、資本主義社会のあとには人類全滅だけが待っているよ。

出光では、そういうことは今から四十年前、創業後十数年で資本主義・社会主義・共産主義のすべてを咀嚼して解決つけているよ。ぼくにとっては、これはもう議論すべき問題じゃないね。世界全人類は自問自答せよと言いたい。

四　経済と経営

21　資本主義経済では搾取はなくならないか

質問　これまでマルクスの基本的な考え方を中心として質問してきましたが、次に経済関係の質問をします。

マルクスは、人間解放という目的を達するために、いろいろ勉強し苦労していましたが、社会は経済問題を知らずしては、なにもわからないことに気づき、彼の関心と研究の中心はしだいに経済関係に移っていったわけです。そして前に見たごとく、物質の生産様式、すなわち社会の生産関係と生産諸力との矛盾こそが、歴史・社会発展の原動力であることを知り（史的唯物論）、経済構造の経済学的分析に没頭しました。その成果が有名な『資本論』ですが、彼はそこにおいて資本主義経済のメカニズムの秘密を発見したと言います。すなわち、「資本家は労働力を商品として買い、その労働力の再生産に必要な価値（労働賃金）を生むより以上に働かせて

（剰余労働）、価値を獲得する。そしてその価値から労働賃金を支払った差額が剰余価値、すなわち利潤であり、以上の関係を搾取関係と呼ぶ。そしてこの剰余労働が剰余価値の源泉であり、剰余価値が価値増殖の源泉である」と。

資本主義社会はこの剰余価値の生産の上に成り立つものだから、資本主義社会には搾取はなくならないとするわけです。このような考え方についてどうですか。

出光　そのような剰余価値に相当するものは、物を生産するときは、資本主義だろうが社会主義だろうが、当然出てくるだろう。そうでなければ、人間社会の進歩・発展はできないからね。問題は、出てきた剰余価値に相当するものを、いかに処分するかということだよ。それを資本家が私物化するから、資本主義が攻撃されたんだと思うね。だからそれは、資本家が搾取をつつしめばよいんだ。

現在は資本家も目ざめて社会性を尊重するようになってきているが、その点は、マルクスが資本家の搾取に対してたたかったことの功績だと思う。ぼくも日本の金持のあり方に反感をもってたたかってきて、相当の示唆を与えているんじゃないかと思うね。その点でマルクスとぼくとは共通点がありはしないか。ぼくは対立闘争してはいけない、と言ってマルクス主義を戒めているが、そりゃぼくだって闘争しているよ。

ただその闘争は、自分を鍛練するために自分に向かって闘争しているのであって、他人と闘争しているんじゃない。「資本は人なり」という考えで、資本になるような人となるために、自らを鍛練し、自己闘争をやりつつ、従業員を育ててきたんだ。五十五年前、開店したときに、金持の金は借りないと決心して、今日まで銀行の金のみしか使ってきておらない。その当時としては、そういう行き方は不可能事と言われた金の借り方だった。しかし自己鍛練、従業員育成ということによって、銀行をして出光グループを信頼というかむしろ感激せしめて、銀行として異例の貸出しをさせた。そして一方においては、内池先生から事業の社会性を教えられて、消費者本位、大地域小売業という営業形態をとったろう。これは事業の発展に正比例して運転資金を要する行き方なんだが、これがまた当時の銀行家から見て、社会性をおびた画期的な経営のあり方であったらしい。このことが出光に対する協力の形となって出てきたんだね。また隠れた協力者もたくさんあったらしい。この矛盾した二つの道を歩きつつ、金持の金の厄介にならずに今日に至っているわけだが、これはぼくが死にまさる苦しみと言ったほどの苦労であり、大変な闘いなんだ。しかしぼくはこの苦難との闘いを次から次に突破してきた。これが出光の過去五十五年間歩んできた道である。

それから、マルクスは頭から資本を否定してかかっているようだけれども、資本家が搾取することは許せないが、資本を活用することと搾取とは別のことじゃないかと思うね。出光では「資本は人なり、資金は金なり」と言って、両者をはっきり区別している。そういうぼくから見て、マルクスが資本家の搾取に対して闘争し、さらに階級闘争にまで進んだ、ということは理解はできるんだ。しかしながら、資本家も覚醒した今日において、もしマルクスが日本に生まれていたとしたら、対立闘争にはもう終止符を打って和の道に入ることに努力したんじゃないか。そして階級の利益を超越して、全人類の平和と福祉の道に入ったことと思う。だから今日のマルクス主義者たちは、和の道のあり方を研究して、プロレタリアートのことだけを考えずに全人類の平和・福祉の道を選ぶことが、マルクスの霊に応える所以じゃないかね。

質問　生産された剰余分は、社会主義では国有となり、資本主義社会では私企業に私有されていくということが、両者の本質的な違いとなります。

出光　そこが重要なところだが、働いた結果の生産物が、それを生み出すために働いた人たちにもどるのは、あたりまえじゃないか。そして自分たちの福祉・発展のために用いられるのがほんとうの筋だよ。それから、人間として自分の子供、兄弟、肉親、友人などに対する愛情をもち、それらの将来の生活の安定に対して関心をもつということは、理屈以外の人情であり人間の本能ではないか。自分の働いたものを全部使わずに肉親のために残すということは、人間として当然のことであり、結構なことだと思う。だから勤勉で、そして節約して肉親のために残してやるという、そういう人が、立派な愛の人だと思う。ところが、それを全部国家が取り上げて、働く人も働かない人も、まじめな人も不まじめな人も、平等に分配するなどということは悪平等じゃないか。そういう不公平な分配は人間のあり方を知らないやり方だ。ことに国営という非能率なことをやって、むだづかいを国家がやるということは、資本家の搾取と同じようなものではないかと思うね。

22　マルクスは、企業利潤は労働力の搾取から生まれるというが……

質問　資本主義経済と搾取とは不可分の関係にあるわけで、したがって資本主義企業の利潤は、労働者の労働力の搾取によって生まれる、とマルクス主義では考えています。店主は利潤についてどう考えられますか。

出光　なにもぼくはマルクスのように、労働を搾取した分が利潤だ、などとは考えない。理屈ではそうなるのだろうが、それは「物の国」の考え方だと思うね。

出光の場合、原油を輸入して精製し、製品をつくって販売をする。この過程で利益が生まれるが、これが労働の搾取だときめつけられると、なんと答えてよいかわからん。吹きだしたくなるね。「物の国」の理屈からいえば、そうこじつけるかもしれぬが、そう考えなくてもよいだろう。出光では、そんなことははじめから問題にならんよ。若い社員に聞いてみたまえ。

ぼくは、利益とか利潤とかが、どこから出るかということよりも、その出た利益をいかに考え、どのようにとり扱うかが大切なことだと思う。これを金持が我欲・利己で一人占めしていたのが「物の国」の姿であり、日本でも大阪の金持の商人にはそういうことが見られた。ぼくは学生時代、これに反発したんだよ。ぼくの学生時代の大阪の商人の考え方は、金儲けのためには投機・買い占め・売り惜しみをやり、手段を選ばぬというふうだったんだ。金さえ儲けりゃよい、人情を商売に交じえることは商人として堕落だ、なんて言われたんだ。その時代に内池先生は、商売は金儲けではないと言われた。よく言われたものと思うね。中間搾取をなくして生産者から消費者をつなぐ唯一の商人が必要である、と言って、事業の社会性を説かれた。ぼくはこれを聞いて、よし、ぼくの進む道はこれだ、と思ったんだ。この中間搾取をなくして商人の使命を果たすことによって得る報酬が、ぼくの言う合理的利益ということなんだね。ぼくは利潤とか利益とかいうよりも、報酬という言葉のほうが、日本人にはピッタリするんじゃないかと思うね。

ぼくは利益について、門司に開店してから四、五年たったころ、大いに悩んだのだ。自分が高く売れば、相手が損をする。相手に安く売れば、自分が損をする。なんと商売とはおかしなことだ、こんなバカげたことをどうしてはじめたのか、いっそやめてしまおうかとも思った。そのうちに、第一次大戦がはじまったが、石油業者から見ると、品不足になるのがわかっていたので、お客さんに、これだけの物を買って倉庫に預かっていますよ、値段はこれこれですよと知らせておいたことがある。だから、ぼくのお客さんは油の供給が切れることがなく、価格も上がらずに、ずっと仕事をつづけることができた。そのときにぼくははじめて、商人とお客さんとは対立するものではない、専門の知識をもって働き、油のほうは私が全責任を引き受けますから、あなた方は本業に全力を注いでくださいという互助の精神を知った。そして、これが商人の使命であり、事業の社会性というものだということがわかったんだよ。

この間のスエズ動乱のときも、出光はけっして価格を上げずに、お客さんに油の供給の不安を感ぜしめなかった。

このように、金儲けに走らずに商人の使命を果たし、それの「報酬」という考えが、日本人の利益の考え方なんだよ。

よく資本主義下の企業は、利潤追求を目的とするなんていうが、利益は企業生存のための前提であって、第一目的は、いま述べたように、商人の使命を果たすことだよ。事業の社会性に目ざめていかなければ、もう時代遅れだぜ。

出光では、企業内部では従業員本位、外部へは消費者本位ということでやっているのであり、利潤追求とか労働の搾取とかいうことは、少なくとも出光では関係がないんだね。これには面白い話がある。門司で開店後四、五年したころ、今から五十年前だが、第一相互保険会社から加入の勧誘を受けたときに、ぼくは「相互」ということに非常な興味を感じた。そこで営業から出た利益の合理的部分を消費者に割りもどししようと思ったが、これは各消費者によって価格が違うので、割りもどしの基準がきめられず、実行に移せなかった。最近、出光は社員の数が増加したので、四億の資本金を十億に増資したが、その三分の一の三億二千万は社員がもっていて、ぼくの持ち分はふやさなかった。そこで株主のない株が中間に出てきたので、この配当金を社会に還元しようということを考えているんだが、これは五十年前の考えが今日実現の第一歩に入ったと言えるわけだ。この「相互」、「互譲互助」ということが、日本の民族性の基礎であり、世界平和のもとなのだから、これを日本民族は体得しておかなければいけない。

質問　マルクス主義によれば、個々の資本家がいかに人道主義的な心の強い人であって搾取をつつしんでも、それはその個々の資本家を資本主義のきびしい利潤追求の競争場裡から脱落させるだけであると言いますが、どう考えられますか。

出光　搾取をつつしんでいると競争に負けてしまうと言うが、そんなバカなことがあるか。ぼくには、なにを言っているのかわからんよ。資本家から搾取される会社は発展しないんだ。出光では搾取がないからこそ発展しているのであって、それは実体で示している。搾取をやって利潤をあげて会社を発展させるとは、とんでもない考えだよ。

それから会社の経営者が人道主義で従業員をいたわってやると、会社が非能率になり、競争に負けると考えているようだが、それは「物の国」の考えであって、屁理屈だ。「人の国」の日本ではそれが反対なんだ。愛によって育った人は純情でお互いに信頼し合う。そしてこれを鍛練して実力の人とする。そしてはじめて一致団結した力強い総合力が発揮できる。これが資本は人なり、ということで、これを日本人・出光が実現しているわけだ。

23　資本家は変わったか

質問　店主は、日本では一般大衆が株を所有しているような状態で、例外を除いては、もう昔のような資本家は出てこないと言われます。なるほどそのような面もあるけれども、現実に企業を動かし経営を支配しているのは、少数の所有者階級であると考えられています。それこそ現代的意味での資本家であり、けっして資本家がないとは言えないのではないでしょうか。

出光　いや、日本では戦後、だいたい、分配が公平になってきた。累進課税で金持は税金をとられて、財産を残せなくなった。一部の大株主が日本の経営を支配し動かしている面があるというが、それは例外であって、日本の大会社には、マルクスの言うような資本家に相当する人はもうないと思う。その証拠に、労使という場合、いつのまにか、資本家の「資」が使用者の「使」に変わっているだろう。

昔の会社での対立は労資だったんだよ。ところが戦争後、財閥が解体され、多少の例外はあるけれど、大局的に論じると、もう日本には資本家はないと言えると思う。それだから資本家の資が使用者の使に変わったのじゃないか。たまたま日本語では資と使が同じ発音だから、その違いに気づかないけれども、外国でキャピタリストがエンプロイヤーに変わったら大問題となるだろう。今の労使対立とは、エンプロイヤーとエンプロイーとの喧嘩ということだね。これは意味をよく考えなければならぬと思うね。

だいたい、使用者とはなにかといえば、会社の社長・重役とか部長などを指すのだろうが、その人たちは今では従業員の中から出てくるんだ。従業員が今日は労使の「労」としてたたかっていて、翌日、部長になれば、使用者側になって、昨日の同僚とたたかうことになる。資本家の搾取、キャピタリストの搾取に対してたたかってきた者が、今度は自分らの階級から出てくる使用者と、なぜたたかわなければならないのか。どうもぼくには模擬戦争のように思えてしようがないね。もっとも、役所や銀行から天下りしてきた人は、はじめから使用者だから、この使用者とたたかうのは無理もないがね。（笑）

このように見ると、質問にある現代的意味での資本家というものも、大会社では例外を除いて、もう考えられないと言えるのではないかな。

24　資本主義経済における恐慌とか失業などは、どのようにして克服するか

質問　資本主義経済では個々の経営者が、或る見通しをもって生産計画を立て、物を供給するわけですが、経済全体として計画性がなく、とくに経済が高度化してくると、生産手段の所有の私的性格と生産の社会的性格の矛盾（生産関係と生産諸力の矛盾）が激化して、結局、供給が需要を上回り生産過剰となる。それはときに恐慌という爆発的な形で経済界を混乱に陥れ、失業・倒産などの多大な社会的損失をもたらす。マルクスは、これらの現象は資本主義経済では避けられないものと考え、そこにある無計画性を資本主義経済の無政府性と呼んでいます。この問題の解決のためには、生産手段の社会化、つまり社会主義経済による経済計画化の必要性を主張しております。

ところで、店主は資本主義経済のもつ無政府性は、どんな方法で解決されるとお考えですか。

出光　事業の経営がいつも波乱なしに行くものだと思うのは間違いだよ。好況・不況があるからこそ人間が鍛練され、真の経営者となって、事業の進歩がある。これがぼくの言う「尊い授業料」だ。景気がどこまでも上昇をつづけるなんて考えることは、常夏の国、南洋ボケの見方だね。年中常夏のところは南洋ボケする。春夏秋冬の気温の上り下りがあってこそ、そこに締りが出来、折り目が出来る。景気の波を乗り越えていくところに、自由競争の進歩があるのだ。常夏の国の事業界だったら、なにを仕出かすかわからない。今日の混乱も、神武景気、岩戸景気に酔いしれて、そこに政府が程度の過ぎた保護をいつまでもつづけて、鍛練された経営者をつくることを忘れていた結果じゃないかな。波の上り下りのある中で自由競争するところに、経営のむずかしさ、社会の進歩があるんだよ。

　このことはとても大切なことだと思う。このような自由競争をするから、人間が勤勉となりまじめになる。逆に国営などになったら、人間としての意欲がなくなる。そして能率が上がらなくなるということだね。

　ところで経済計画化といっても、末端に至るまでの細かい計画で動くとなると、組織と規則の奴隷となって非能率になる。大きい枠の計画は国がやって、その中で自由に楽しく働けるということが必要なんだ。

それは出光の形を考えてみるとよくわかる。出光商会時代に、ぼくは独立して自由を楽しんでいるが、店員は自由を束縛されて、ぼくの自由の犠牲になるのかという疑問をもった。そこで社員に自由を与えて、自由に働かすことにした。これが、出光には権限の規定がない、ということだ。自由に働かすと、経験のない若い社員はしくじる。しかし熱心に誠意をもって努力して失敗しても、ぼくは親として同情の目をもっていたわって、けっしてとがめなかった。そうするとその人は、経験を積んだ立派な体験者となって、二度と過ちをおかさないのみか、苦労人となり、力強い経営者となる。出光ではこのしくじり、失敗を「尊い授業料」だと言っている理由もそこにある。こういう行き方を役所の人が信じられるかどうか。そのくらいに人間のあり方が違うんだ。権限の規定などなくても、これは自分が独断でやってよいか、上役に相談すべきものか、その場面、場面に適応して自由に判断できるような人間になってくるんだ。これが、権限は各人の心の中にあるということだ。

こういうふうに、人間を自由に働かせて育てていって、はじめて立派な強い個人が出来る。その個人が集まって一致団結した力を発揮すれば、これぐらい強いものはない。これがいわゆる少数精鋭主義の形であり、出光の現在の形がこれなんだ。それを反対に、官僚統制のように微に入り細をうがって権限を規定していけば、人間は死んでしまう。そして大組織・大人数の非能率で、俗に言う烏合の衆といわれる、力の弱いものになってしまう。人を中心として経営するのと、規則や組織を中心として経営するのとの差が、そこにはっきり現われてくる。たとえば地下水を汲《く》み上げるのに、井戸を掘ってポンプで汲み上げるか、おのずから湧き出づるかの違いで、規則や組織を中心として、いわゆる経営管理ということばかりを手段として社員を働かせるのは、井戸水をポンプで汲み上げているようなものだ。それに対して出光のあり方は、社員が規則や組織に縛られずに自発的に働いているので、地下水がおのずから湧き出ている形であって、これが人による経営なんだ。しかも水質は一方が対立闘争の水で、経営管理というポンプで汲み出されて、組織でつなぎ合わされているだけだから、非能率で力の弱い烏合の衆だ。

　出光の水質は和・一致団結の水で、それが自発的に自噴して働いているのだから、少数精鋭の力強い経営となっている。要するにマルクス主義でいう経済計画化などは、法律・機構・組織による経営であって、非能率なものになってしまうんだ。

　人間が働くには、大きな枠は必要だが、それはけっして個々の末端までの自由を害しない程度のものでなければならないね。それではじめて能率的な人間活動ができるのだよ。

質問　景気の波が刺激になるのはよいのですが、経営者が無能だと会社がつぶれて、失業者をつくり出すことになりますが……

出光　従業員全部が経営者というようなつもりで、人間として生きて働いておれば、そんなことはない。まあ例外的なことはたまにはあるが、それで全体を見誤ってはいかん。

　ところで、今日の日本の経済界にガタガタが起きているのには、原因が二つあると思うんだ。一つは、戦前の経営者が戦後追放されていなくなったということだ。例を銀行にとれば、なにか大失態を演ずればすぐ取付けを食って、頭取なんかは自殺をするほどのきびしい責任感をもっていた。ところが今の経営者は、事務をやっていた人が上がってきたのであって、経営学に頼った経営をやっている。まさに経営学の実験室みたいなものだ。それからもう一つは、政府が保護をしすぎたということだ。終戦後の保護は当然としても、少なくも十年もしたら、保護の手を緩めなけりゃね。まずいことをやって、つぶれるべきものをつぶさないで助けるということは、親切であるかのようでも、人間を鍛練し実力をつける意味からは、不親切きわまるやり方だ。バカ息子を育てるようなものだ。母親の愛とともに父親の鍛練が必要なんだよ。これは、国民を鍛練するように出来ていない政治のあり方に問題があると思うんだ。国民を鍛練しようとすれば、その政党は票が減って勢力がなくなるから、国民を甘やかして、国民の言いなりになる政治となっている。このように、経営学に対する依頼心と、政府の保護に対する依頼心との二つが、大きな原因だと思うんだ。

玉石混淆《こんこう》している中から、非常にまじめにやっているものと、不まじめにやっているものとをえり分ける。不まじめなのは、当然自由競争で落後すべきものなのだよ。そしてそれが尊い授業料となる。山陽特殊製鋼の例はまさにこれだね。このようなことが、人間に刺激を与える自由競争のよいところだと思うんだ。なにも刺激がなく、平々凡々として行くということは、常夏の国となり、ボケてくるよ。

それからあまり福祉、福祉と言っていると、国民に自主性を失わせ、弱体化し、国を滅ぼすことになりはしないかとも思う。ほんとうの愛は、愛の手によって育てたものを鍛練しなければならない。それには自由に競争させるということだ。

質問　そうすると、先の計画についてですが、それぞれの企業がそれぞれ自主的に行動して波が起こっても、それは当然であって、かえって刺激となるということですね。

出光　そうだね。経営者がほんとうの命がけの経営者ならば、それぞれの企業にまかせておけば、全体としてうまくいくのだ。政府はいらぬ口出しはやめて、大きな枠は示しながらも、その中で個々の企業者が自由に働き、人間の自主性を涵養《かんよう》し、実力を発揮するように努力することだよ。それには一方に、怠け者や不心得者は落後する、というような見せしめがなければならない。

25　生産手段の国有は是か非か

質問　マルクス主義は、私有財産を階級社会の基礎にあるものとしてとらえ、この廃絶を目指していますが、その場合の私有財産というのは、主として生産手段を指しています。したがって、個人的消費にあてる物の私有まで否定するわけではありません。さて店主の「事業は国家社会のため」と言われることから考えて、我欲をつつしめとされる店主の考えを徹底させていけば、むしろ人間の我欲の出やすい生産手段を国有化したほうがよいのではないですか。

出光　これはもう理論の問題ではなく、実際の問題ではないかな。国営が能率的である、役人にやらせたほうが能率的である、と言う人がいるだろうか。ぼくは役所は大学出の秀才を生殺《なま》しにしている、ということを言ったことがあるくらいだ。これはね、議論すれば何年たっても終わらないよ。理論の奴隷となる。役人の非能率であることは、出光では戦時中の体験で、もう証明済みなんだよ。

質問　そうすると生産手段を私有制にしたほうが、生産能率を高めるということですね。

出光　そうだね。生産手段を政府がもっていて、人間を組織と規則によって配列することは、非常に非能率なんだ。ところが、社会主義では生産手段の私有を認めない。なぜかといえば、資本家の搾取をおそれるからなんだ。それなら、資本家の搾取がないようにすればいいのではないか、とぼくは思うね。二割も三割も配当したりするからいけないんで、資本の力というものは或る程度認めても、それには限度がある。金利は六分、七分というように、金の力、物の力を制限すればよいのではないかな。

ぼくはもう四、五十年前から、株式配当は一割五分以下にせよと言っている。今なら一割だとか七分だとか言うだろうが、物の力に限度をつけることが必要なんだ。そうした上で人間の働きを公平に生かしてやればよいのであって、なにも搾取をおそれて、非能率な国営にする必要はない、とぼくは思うね。資本主義のよい面は能率的ということだよ。

五　労働観と貧乏論

26　労働力は商品か

質問　店主は、本来の日本人には労働を売る考えはない、と言っておられる。ところがマルクスは、資本主義社会のもとでは、生産手段をもたない労働者は自己の労働力を売る以外に生きていく道はないものとしており、プロレタリアートの労働力が商品化されることが、資本主義経済の属性であると考えています。日本も現在では、資本主義経済であるかぎり、各人が主観的にはいかように考えようとも、このマルクスの規定した、労働者が自分の労働を売って賃金を貰うという客観的事実は、否定できないのではないかと思いますが、この点どうでしょうか。

出光　日本の現状はそのとおりで、外国と同じだよ。あるいはより以上と言ってもいいだろうね。しかしぼくの言うのは、ほんとうの日本人は賃金を貰うだけでなく、もっとほかに労働の目的をもっているということなんだ。明治維新前に帰ればわかるんだよ。維新前には、金儲け主義の商人を除いては、金で労働を売るなんていう考えはない。維新後、金の時代になってそんな考えが出てきたんだ。清廉潔白、責任を重んずるというのが日本の民族性だった。これに当てはまる字は、外国にはない。西欧では、金が労働の主たる目的になっているからね。だからマルクスは、労働者は労働力を売っていると言うが、それは「物の国」の外国、西欧ではそうだろうが、日本では違うよ。

質問　マルクスの分析によれば、資本主義社会では、プロレタリアートは労働力を売る以外には生きていけないし、労働力が商品化されることで、人間が物と同じようにとり扱われている。しかし、社会主義社会になれば、労働力は商品とならず、そこではじめて人間は自己疎外から救われて、人間性を回復できると言いますが……

出光　「物の国」の思想だとそのようなことになる。だから生産手段を自分たちでもってしまえば、生産物は全部自分たちの所有となる、ということになるんだ。物を人生の第一義的なもののように考えているから、人間が物に振り回されてしまっているんだよ。

質問　マルクスの考えの中には理想主義的なところがあって、「物の世界」が解決されれば、つまり階級社会が廃棄されれば、人間自身のあり方も変わっていき、そこに対立やいがみ合いのない理想社会が出現するかのように、描いていたように思われます。

出光　それはね、「物の世界」が解決されればよいというけれど、ぼくに言わせれば、「心の世界」が解決しなければ対立闘争は絶対になくならず、世界の平和、人類の福祉は望めないと思うね。マルクスのように、対立闘争によってプロレタリアートが勝ち、「物の世界」を解決したとしても、また別の階級の人たちから対立闘争が起こるだろう。それを示しているのが、征服と革命を繰り返している西洋の歴史的事実なんだよ。マルクスの理想社会も、それを繰り返す一つの段階にすぎない。このことは、「心の世界」を解決しなければならないことをはっきり示している。「物の世界」を解決すればよいという議論は、矛盾もはなはだしいと思うね。

人生は、平和と福祉をつくる心のあり方が中心であって、衣食住、「物の世界」はこれに付属したものなんだ。マルクスはこの付属物である「物の世界」のみを考えている。現在の政治、教育、産業なども、すべて物の分配論に蔽《おお》われてしまっているから、資本主義・社会主義・共産主義の対立闘争が政治、教育、財界のあり方ということになってくるんだ。「人の世界」の日本は対立闘争を否定し、互譲互助の基礎に立って三千年来、平和・福祉を楽しんできている。そして衣食住は足ればよい、質素を旨とすべしと言われてきて、ぜいたく、享楽を戒めている。「物の国」で重視しているぜいたく、享楽などは、ぼくから言えば、物の奴隷であって、資本家が黄金の奴隷になっていることと同じじゃないか。ぜいたく、享楽はつつしまなければならない。

マルクスのように、対立闘争の思想に立っていれば、いろいろな社会改革をやり、生産手段を国有化したといっても、そのうちに自分の地位や権利をほしいままにして、わがままをする者が出てはこないか。そこでまた対立闘争が起こるのではないだろうか。過去の歴史を顧みてご返答願いたいね。

27　資本主義社会では、愉快な真の労働はありえないか

質問　マルクスは労働することこそ、人間の本質であるとします。労働することによって人間は自己を実現し、人格を成長せしめるから、労働は正常な生命活動であると言っています。この点、店主の労働観と同じではないでしょうか。しかしマルクス主義は、資本主義下では搾取されているから、労働は愉快でなく、また人間の実現ではなくて、資本への苦役としてとらえています。はたして愉快な労働、人間の自己実現の労働は、資本主義下ではありえないのでしょうか。

出光　日本人には本来、労働は神聖であって、金で切り売りすべきものではないという考えがある。「物の国」のマルクスの考えとはそこのところがはっきり違う。マルクスも労働神聖論みたいなことを言っているようだが、中身は労働の切り売り思想だから、いわば口頭禅じゃないか。

維新前の日本においては、金を目当てに働いていたのは一部の商人だけであって、大部分は清廉潔白、責任感をもってまじめに真剣に働いて、自分の職務と金とを完全に引きはなして考えておった。ところが維新後、外国から資本主義のあり方が入ってきて、資本家が搾取するという悪い形が出来て、労働切り売りの思想が広がり、対立闘争の姿も生まれたんだ。しかし今日ではもう、前に述べたように、マルクス主義で言う資本家はなくなり、搾取もなくなったんだから、外国から輸入した労働切り売り思想も早く捨ててしまって、本来の日本人の考えに帰らなければならんと思う。そしてお互いの福祉・平和のために、金を離れて清廉潔白、責任感をもって働くようにならなければならない。

それからマルクスは、資本主義下では労働は苦役となると言っているということだが、それは自分のために働くか、全体のために働くかということで、苦役ともなれば楽しみともなるんだ。自分のために働くということであれば、他人のために働くことは苦役になるだろうが、全体の平和・福祉のために働くということならば、それは苦役どころか、尊い、楽しい労働となる。そこに日本民族と外国民族の違いがあるんだが、外国は自己・利己のために働くが、日本民族は自分のためにも働くが、さらにその上にお互いのため、全体のために働くという目標をもっているんだ。お互いのため、皆のために働くとなれば、そこに労働の切り売りではなくて、労働は神聖なものであるという考えが出てくる。そしてその働きは非常に力強いものとなるんだ。これは君らがそうじゃないか。残業手当も受けとらずに、時間を超越して働いているだろう。出光の人は、肉体の苦労を精神的に楽しんでいるということだ。これが、労働の切り売りをしない日本人のあり方ではないかと思うね。

質問　いまの一般の日本人は、店主の言われる日本人のあり方とは相当かけ離れているように思いますが……

出光　ぼくが言っているのは本来の日本人、さらに具体的に言えば、維新前の日本人のあり方に帰れということなんだ。維新後、外国の「物の国」の考え方が入ってきて、今度の敗戦によって徹底的に「物の国」一色に塗りつぶされてしまっているから、いまの日本人の考えは、日本人か外国人か区別がつかないようになっている。その中で小さいながらも出光の人が労働切り売りの考えなどもたず、日本人としてやっているということなんだ。

しかし先にも言ったように、今日ではもう資本家はいなくなったんだから、早く「物の国」の労働切り売りの姿から脱却して、日本人本来の清廉潔白、責任を重んずる姿に帰って、国家・社会の平和・福祉のために、金や物を離れて働くようにならなければならないと思うね。

質問　マルクスの、人間の労働に対する考えは、先の質問にありましたように、労働することこそ、人間の本質であるとするのですが、資本主義のもとでは、ゆがんだ形になってしまうから、その原因となる仕組みをなおさなくてはいけない、というのですが……

出光　西欧では、ゆがんだ形になっていくのだろうがね。本来の日本では、たとえ資本主義のもとでもそうはなっていかない。労働に対する考え方が違うからね。現在の日本は、マルクスの言うような西欧の形になっているので理解しにくいかもしれぬが、日本人は自覚してやろうと思えば、出光のような経営ができる民族なんだ。出光の社員には労働の切り売りというような考えはない。それだからこそ、日本人の事業経営ということを高調しているんだよ。

28　労働組合運動をいかに評価するか

質問　マルクス主義は、労働者が自分の生活条件を改善し向上させていくためには、労働組合などの組織を中心にして団結することが必要である、と強調しています。現実に労働組合なり労働運動というものが、労働者のかつての悲惨な生活状態を改善し、各種の社会保障や福祉政策を推進する原動力になってきました。その意味でも労働組合は、充分、社会的意義があったと思われますが、店主はこの事実をどう評価されますか。

出光　ぼくは労働組合を否定した覚えはない。ただ出光には労働組合はいらないし、出来ないということなんだ。マルクスが資本家の搾取に対抗して労働組合をつくったことは、ぼくは当然だと思うね。そして現在の資本家の考え方・あり方が社会性をおびてきたことに対しては、マルクスの功績を認めたいと思う。しかし、最初強力な資本家に対するために、法律によって組合が保護されたことはいいとしても、現在では組合が数において非常に多くなり、力もましてきて、いろんな勝手なことをしている。これは組合が法律の保護を悪用している、という感じがぼくにはしてならない。ことに、今の官公吏のストライキなど、なんの理由をもって国民に挑戦するのか、法律の悪用もはなはだしいじゃないか。これは過去の資本家が金の力を悪用して搾取したのと同じように、非難さるべきことじゃないか。人間は人を責める前に自らを顧みることが必要だ。それが和の世界の心のあり方だよ。

マルクスは対立闘争の国に生まれ、対立闘争を前提として資本家とたたかい、その結果、現在では資本家も目をさましたのだから、現在のマルクス主義者たちはもう対立闘争の考えはやめて、日本の和の道のあり方をとり上げたらどうかと思うね。
マルクスが日本に生まれて今日生きておったならば、頭の鋭いマルクスのことだから、きっとそうするだろうとぼくは思う。ことに核爆発の出来た今日では、もう対立闘争の道を歩いていると、人類は全滅するだけだからね。

29　貧乏は社会の仕組みの問題か、心掛けの問題か

質問　マルクス主義は貧困の問題を、人の心掛けとか怠慢とかの結果としてとらえず、あくまでも経済構造の中に原因を求めます。資本主義が発展するかぎり、前に述べた資本主義の搾取の結果、資本家はますます富み、労働者、一般大衆はますます貧困化されていくと考えます。店主はこのようなマルクスの貧困のとらえ方に対して、どう考えられますか。

出光　プロレタリアートがますます貧困化していくというが、実際問題として、一般大衆もひところとは比べものにならないほど生活は向上してきているじゃないか。と

ころで、昔の人と比べて物の面で豊かになっている現代の人が、昔の人以上に幸福かというと、必ずしもそうは言えないのではないか。そこに無視できないものとして、人の心の問題があると思うんだ。

ぼくは子供のときに、ぜいたくをつつしむという点で、両親から非常にきびしく育てられた。ぼくの家は中流以上の家庭だったが、食事など非常に質素だった。その頭でいくと、ぼくはぜいたくは人を殺す、ぜいたくは対立のもとだ、と言うんだよ。生活が安定するしないは、心の安定の問題なんだ。

ぼくはこのように、貧困の問題を物の面からだけでは考えない。人間は食べなければ生きていけないが、それは足ればよいのである。それとは別に心の富がありはしないか。東洋では昔から「足るを知る者は富む」と言うが、自ら満足することが大切なんだ。ぼくは富ということについて考えるんだが、心の富ということのほうが大切ではないか。「物の国」では、金とか物とか物質的なものが富となっているが、「人の国」では、心の富・心の豊かさというものがあると思うんだ。前にも言ったように、心に善悪はなく、心はすべて真心だと思う。真心があれば、人に親切にしたり、社会のために尽くしたり、自分が譲って人を助けたりする、というような善い行為が出てくる。

このような真心の発達している人が、心が富んでいるということじゃないかな。そういう人は知恵とか知識とかを悪用せず、人のため社会のために善用することになる。そういうわけで、心が常に富んでいるということが、人間にとっていちばんしあわせであり、大切なことだと思うんだ。反対に、貪欲、非道の人がいくら金を持ってぜいたくをしていても、おそらく心の中には福祉というものは考えられないだろう。われわれから言えば、これが、人間としての貧乏人なんだよ。高利貸なんかがそうだ。物の面を重く見るより、人間の心の貧困を戒めることが、大切なことだろうと思う。これが「人の国」と「物の国」のものの考え方の違いだろう。よく物の面の豊かさを外国と形式的に比較して、まだ追いつかない、追いつかないというが、なにも外国に物の面で追いつかなくてもいいじゃないか。それよりも外国の人に向かって、心の豊かさと心の富のあり方に追いついてこい、それが平和に通ずる道だ、と教えてやったらどうだい。要するに、心の富貴の人になって、金を持った貧乏人にはなるな、ということだ。

質問　それでは貧困の原因は、社会の仕組みの問題でなくて、その人の心の持ち方の問題であるということですね。

出光　あたりまえだよ。ぼくは心構えの問題だと思う。その人の心構え、すなわち、悪いことをしたり怠けたり浪費したりというようなことが、貧困の大きな原因ではないかと思うね。真剣に働いて家族のために貯蓄して不時に備えている人は、失業したって困らないよ。昔は人に泣きつくなんてことはしなかったがね。このごろはあまりに依頼心が強くなってしまった傾向がある。失業を他人のせいばかりにせず、自分を顧みるということを忘れてはいけないね。

六　道徳と宗教

30　資本主義社会には超階級的思想はありえないのか

質問　今まで、マルクスの思想の発展過程に応じて質問してきました。マルクスによれば、社会の経済的構造が基本的なもの（下部構造）であり、法律・政治・宗教・哲学・芸術などはその上部構造であると言われます。そして上部構造は下部構造によって影響をうけ規定されるというわけです。そこで、私たちもマルクスの言う上部構造としての思想・道徳・宗教などについて質問いたします。

マルクスは、自分の思想は労働者階級、ないしは被支配者階級の立場に立つ思想であると明言しており、社会が階級的に分裂し対立しているかぎり、思想もなんらかの立場に立たざるをえないと考えています。こういう考え方について、店主はどうお考えですか。ちょっと質問の要旨を敷衍《ふえん》しておきますと、先にも言いましたように、マルクスの考え方の基本は唯物論ですから、人間の意識が存在を規定するのではなくて、人間の社会的存在、実在そのものが、人間の意識・精神を規定するのだと考えるわけです。つまり、その人が置かれている社会的条件とか立場というものが、その人の考えを規定するというわけです。したがって、人間の考えというのは、彼の置かれている社会が階級的に分裂しているかぎり、いろんな言い方をしても、それはなんらかの階級の立場に立たざるをえない。超階級的な立場、あるいは両方に妥当する中間的な思想はないというふうに考えています。

出光　全人類の希望しているものは、永遠の平和と福祉以外には絶対にない。いかなる場合にも、それ以外にはない。だから思想というものも、仲良く平和に楽しくしようとする思想以外にあるべきでないと思うね。階級的に分裂して、対立闘争するというような思想は、思想と呼ぶに値いしないのではないかね。それは手段じゃないか。永久不変の思想は、平和に仲良く暮らすということだ。マルクスが最後に望んでいたものもそれだと思うね。ただ、いかに一時的な手段とはいえ、プロレタリアートの階級だけの平和と福祉を目指すというようなことは、駄目だね。それだから行き詰まったんだ。マルクスは西欧の土地に生まれて対立闘争の道のみを知って、日本のような仲良く平和に行く道を知らなかったから、階級闘争に行ったんだろう。そこで階級闘争の道を歩くとすれば、マルクスの言うとおり、弁証法的唯物論になるのではないか。

そうでなくて、あくまでも永遠の平和と福祉をつくるという思想の上に立って、それにはどうしたらよいか、ということを考えるべきであって、階級が分裂して対立闘争するようなことを言うなら、平和とか福祉とか唱える資格はないよ。それは階級的な我欲・利己・搾取の道ということじゃないかね。思想は全人類的な立場に立った思想しかあるべきではない。階級闘争しながら、平和と福祉を求めるなど、根本的な矛盾である。しかしマルクスの場合でも、窮極に求めているものは、人類の平和と福祉だろう。階級の対立闘争ということは手段だよ。どうしてそういう手段をとったか、どうして手段を誤ったか、ということになれば、マルクスの生まれた土地・民族に責任があるんだが、それにしても、どうしてマルクスが大所高所に立って、仲良く平和に暮らす日本のような道を見つけ出しえなかったのかと、ぼくは残念に思うね。

質問　こういう点はどうでしょうか。社会は人間が二人以上でつくっているのだから、仲良く暮らしていくのは当然だ、という考えにたどりつくためには、やはりそれにふさわしい社会的状態が基礎になければならない。たとえば、ひどい搾取をうけて、最低の衣食も足りないという状態にある人がいるとします。衣食足って礼節を知るということで、そうした状態で人間が仲良く暮らせるものかどうか。たとえば日本においても、江戸時代の農民みたいに、非常にみじめな、その日その日の食事も満足にできない状態に置かれている人に、お前たち仲良く暮らせと言っても、簡単にわからないのじゃないかと思いますが……

出光　もちろん、衣食足ることは必要だけれども、さらに大事なことは、足ることを知るということだね。恒産あれば恒心あり、ということも真理だが、恒心あって恒産あり、ということも言いうるんだね。

それから江戸時代の農民はみじめな生活をしたと言うが、征服の祖先をもった外国のように、自分の生命・財産にいつも危惧を感じて生活はしていなかったよ。戦国時代といえども、武士同士はお互いに激しく戦っているけれども、国民とは戦っていない。良民を傷つけたり、その財産をむやみやたらと没収したりはしていない。もっとも日本にも幕府という外国の征服者に似た形はあったが、全国民から見れば、やはり無防備の皇室のもとに、奴隷にならずに平和に暮らしているよ。幕府のごとき濁りはあったにしても、日本の歴史の中心を流れているものは、無防備の皇室を中心とした澄み切った流れであり、国民も無防備で平和に仲良く暮らしたということだ。この中心を見なければ、幕府だけを見ていると、日本も征服の西欧と同じということになる。

日本にも生活に困った貧乏な人がいなかった、とは言わないが、その人たちは、そうなる原因を自分でつくっていたのじゃないかね。働いて質素に暮らしていれば、生活に困るということはないよ。きっと周囲の人や親戚が助けているはずだ。

31　道徳は時代や社会とともに変化するのか

質問　マルクスは、道徳や倫理が人間や社会にはじめから備わっているものではなく、人間社会の発展にしたがって発達するものと考えています。そして階級社会では、階級的道徳が存在し、それぞれ階級の利益を表現するものであると考えています。

ところで店主は、時代と民族を越えた普遍的な道徳を認められますか、それとも道徳は時代とともに変化すると考えられますか。

出光　道徳というものは、時代とともに変わるようなものではない。人間社会の平和・福祉をつくるのが道徳であって、あとはなにもありゃしない。道徳というのはつくるものでもなければ、書いたものでもない。人間の心の中にあるものだ。二人以上の人間社会で平和にしあわせに暮らしましょうということ、それが道徳なんだ。しかし人間は矛盾性やわがままを発揮して非道徳なことをするから、それを戒めるために宗教、哲学などがある。ところが西欧では征服者が被征服者を治めるために法律をつくり、規則をつくってそれを守るのがモラルであるように、鈴木大拙先生からぼくは聞いておるがね。そういう対立闘争のモラルというものは時代とともに変わるだろうし、国によって違うだろう。しかし道徳は全人類が平和にしあわせに暮らすということであって、それ以外にはない。したがって民族や時代や国によって変わるようなものではない。この意味で、思想も道徳も人類の存するかぎり唯一永久不変である。マルクス主義では、道徳を対立闘争の手段と勘違いしていやしないか。

質問　店主は、先ほど道徳の理念として、二人以上の人間が生活するには、お互いに仲良く平和に暮らすことだ、と言われましたが、そのような考えの出てくるもとは、なんでしょうか。

出光　そのもとは愛だよ。人類愛。愛ということは、これは簡単に言えば、相手の立場をいつも考えるということ、とくに強い人が弱い人の立場をいつも考えるということだ。相手の立場をいつも考える、ということは互譲互助だ。逆に対立闘争の国では、自分のことを主張する一方なんだ。自由を主張し権利を主張する。外国では征服されたり、圧迫されてきているから、自由・権利を主張するようになるのは当然だけれどもね。日本では主張せずに相手の立場をいつも考えているから、ここに互譲互助という言葉が出来てきたんだね。これは外国の主張する考え方から見れば、権利の放棄であり、邪道であり、卑屈であるというぐあいになってくる。

質問　権利思想・自由思想が征服・対立闘争の外国に生まれたということはわかるのですが、今日の市民社会では、権利を主張することも自由を守ることも必要なことと思いますが……

出光　ぼくも権利思想・自由思想が不必要だと言っているんではない。それは必要だけれども、ただ、日本の互譲互助という考え方の中に、それらは大きく包みこまれているのだ。このお互いということの中に、相手の立場を認めると同時に、自分も相手から認められているんだ。したがって主張する必要がないわけだ。その意味で、外国の権利思想・自由思想は日本の互譲互助から見れば、小乗的で消極的なものにしかすぎない。しかも外国の「主張する」ということは、どうしても対立闘争になりやすいんだ。そういう対立闘争になりやすいものよりも、互譲互助のように大きく包みこんで仲良く平和にいけるものが、日本に二千年も前から出来てきておるんだ。それを今の日本人が忘れてしまっていることは残念だよ。

質問　民主主義でも権利と同時に義務ということを強調しています。義務ということは、言い換えれば、相手の立場を考えるということじゃないかと思いますが……

出光　権利を主張するということが先にあるから、義務という言葉がそのあとに必要になってくるんだ。義務ということは、権利を主張することから必然的に出てくるんだ。しかも実際は主張することばかりが行なわれるから、義務を強調することが必要になるんじゃないか。

明治維新前の互譲互助の日本には、権利を主張することがなかったから、義務という概念も生まれなかったんだね。権利も義務も外国から輸入した考えにすぎないよ。
こういうことが言えないかね。なにか或ることをとくに強調しているときは、そのなにかがそこにないからじゃないか。たとえば、人類愛ということが特別に叫ばれているところでは、そこに人類愛がないからだと言えないかね。西欧で民主主義を盛んに主張したのは、封建的なものが非常に強かったから、逆に民主主義を強く唱えたということだね。

質問　必要だということは欠乏しているということですね。英語でもウォント(want) がそうですね。
ところで、以前に発表された「期待される人間像」の道徳観ですが、マルクス主義者は、あれは誰にでも認められる道徳ではなく、やはり現在の日本を支配し指導する立場にある資本家階級、またはその代弁者の考えであると言っていますが……

出光　そのマルクス主義者の言い分には、ぼくは賛成できないけれども、あの委員会にはぼくも出席していろいろ議論した。そこで或る委員から、教育勅語が日本の道徳として立派に存在するではないか、という意見が出たときに、それに対して、今は教育基本法の中に道徳というものがあるから、それで充分ではないかという答弁があった。そこでぼくは、教育勅語の道徳は日本固有の道徳を説いたものであると思うが、敗戦後占領政策によって、その日本固有の道徳は否定されているではないか。したがって教育基本法の道徳と教育勅語の道徳とは、相容れないように思うがどうですか、この委員会は日本固有の道徳を採るのか、それとも日本の道徳を否定した教育基本法のモラルを採るのか、という質問をしたけれども、これは解決がつかなかったね。ぼくから言わせると、日本の固有の道徳は、永遠の平和と福祉の道徳であり、教育基本法の道徳は対立闘争の外国のモラルを直訳したものであって、日本の国体とか民族性などを基礎としたものではないね。

質問　要するに、根本にそういう人間愛とか、平和と福祉をつくるというような基本的な考え方をもっておれば、その時代時代において具体的にどうすべきか、という判断も出てくるということですね。

出光　そこにぼくの言う人間尊重がある。平和にしあわせに暮らすということをしっかりもっておって、あらゆる場面に応用しうるような人間でなければならない。みんながそういう人であれば、極端に言えば、法律・規則もなんにも要らないとも言える。ところが人間がしっかりしていないと、法律・規則をつくってむやみやたらに乱用するようになり、人間が法律や規則の奴隷になり、理論や学問の奴隷になる。人間が物の奴隷になってはいけないよ。人間の心がすべてのものを支配するということでなければいけない。

さっきも言ったように、出光の歴史は一面から言えば、奴隷からの解放の歴史とも言えるんじゃないか。まず、ぼくが神戸の高等商業を出て丁稚奉公をしたのは、今から言えば学問の奴隷になっていなかったということだ。そして創業のときに、黄金の奴隷になるなと言って出発している。金を尊重はするが奴隷にはならなかった。それが現在では「人間が資本であって金は資金である」というようなことをはっきり言えるようになったわけだ。それから戦争中は、軍が戦時統制の名の下に法律・組織・規則万能の行き方をしたので、それとたたかってそれらの奴隷にはならなかった。

それから戦後は、占領軍の権力に屈伏していない。権力の奴隷にならなかったわけだ。そして世界石油カルテルとたたかって、国家のために非常な貢献をしている。もし出光なかりせば、日本のエネルギーのコストは高くなって、おそるべき結果になったろうと思うね。それから独立後の日本だが、屁理屈をつけて数で決するというのが、今の行き方だ。出光が今言っていることは、数や理論の奴隷になるなということだ。

このごろはさらに、もう一つ進めて、主義の奴隷になるな、ということを言いたくなってきたね。共産主義でも平和・福祉を目的としているのだろうが、それに達する道・手段を誤って、対立闘争して行き詰まっている。それにもかかわらず、その誤った手段にいつまでもとらわれているということは、手段の奴隷、主義の奴隷になっているんじゃないかと考えるね。いかなる主義も立派なところはあるけれども、それを人間が実行するときに奴隷になっちゃいけないね。主義を活用しなければいけない。

32 主義の奴隷になるな

質問 主義の奴隷になるな、というのは、いい言葉ですね。マルクスも面白いことを言っていますよ。「私はマルクス主義者じゃない」と。マルクス盲信者に対して皮肉を言ったわけですね。

出光 マルクスも主義の奴隷になるなと言ったわけかね。いかなる場合にも、人間の尊厳を尊重するということを忘れると、主義の奴隷になるわね。だから、ぼくの言う人間尊重というのは、前に言ったように、尊重すべき人間になれ、そして、尊重すべき人間というのは平和と福祉を打ち立てる人間だと、こういう意味だ。人間に物を与えたりなにかすることが、人間尊重じゃないよ。今はなにか人間に物を与えてぜいたくさせたりすることが、人間尊重かのように勘違いしているところがありはせんかね。それから人権を尊重することと人間尊重とを混同してはいないか。権利を尊重することと人間の尊厳を尊重することとは違うよ。権利を尊重するということは対立闘争の国の言い方だと思うね。

質問　人権尊重は人間尊重の一部だと思います。ところが、戦後アメリカの民主主義が入ってきて、人権の尊重なくしてどうして人間の尊重があるかということで、人権があまりに強調された結果、人権尊重イコール人間尊重というふうになった感じがあります。

出光　十年ほど前、アメリカのピッツバーグを訪問したとき、大勢のパーティの席上でぼくが「君たちの民主主義はにせものだ」と言ったことがある。民主主義を金科玉条にしているアメリカ人だから、それにはちょっとみんなびっくりしたよ。そこでぼくはこう言ったんだ。「民主主義というのは、自分のことは自分でやる、そして自分の余力でもって他人のために尽くす人の言うことじゃないか。自分のことは自分でやるような人にしてはじめて民主主義を唱える資格がある。それなのに君たちはタイム・レコーダーを押させたり、事務所では机を向う向きに並ばせてうしろから監督している。一分間たりとも目を離せないような人や、うしろから見ていなければ信頼できないような人間がどうして民主主義を唱えられるか」と言ったんだ。これは事実だから、向うとしては返事できない。そこで「出光はどうしているか」と言うから、「ぼくのところは出勤簿はない」と言ったら、びっくりしていた。はたして信じたかどうか。それでとにかく話は済んだ。

民主主義の実体について、日本人は一度考えなおさなければならないのじゃないかね。ぼくが考えるに、民主主義の「民主」ということは、外国には日本の皇室のような中心がないから、それに代わるべきものとして言い出したのじゃないか。民衆、大衆が主人であり、中心であると。しかし、これはいい言葉じゃないけれど、昔は「衆愚」と言ったものだ。愚というとひどいから「凡人」、「凡」程度の言葉が適当だろうが、大衆というのは凡人なんだ。それで最近ぼくは「衆凡」ということを言っているのだが、衆凡をいくら集めても凡であることに変わりはない。そこにやはり利巧な人、卓抜した徳の人がリードして行くことが必要じゃないかね。衆凡を集めた政治は駄目だ。今日の議会政治の行き詰まりを見れば、すぐわかるじゃないか。

33　互譲互助や和などは資本家のかくれみのか

質問　店主の人間尊重の考えでは、愛情・信頼・融和・互譲互助・和というような徳目が強調されるわけですが、これらの徳目は、マルクス主義によれば、資本家ないしは経営者、権力者の立場から唱えられる精神訓話であり、従業員を働かすための口実であり、現実に利害の相反する階級の対立を隠蔽するかくれみのであると考えられています。この点、どう思われますか。

出光　我欲・利己の祖先からはじまった外国は、物を中心として対立闘争が起こっているが、日本のように無欲・無私の祖先からはじまったところには、互譲互助・義理人情・恩を知るというようなことが起こっている。ことに維新前においては、金の奴隷になるどころか、金を卑しむ気風さえあった。こうして日本と外国とでは、全然正反対のことが起こっている。互譲互助という精神が平和・福祉の根幹であるが、この譲るということを、いかに外国人に説明しても絶対にわからない。彼らにとっては、権利の放棄であり、邪道であり、卑屈となる。外国のように権利を主張することのみを知っているところには、お互いに譲るという体験・事実がないから、どうしても理解できないんだね。ところが日本ではお互いに仲良くしあわせに暮らすことができるのも、世間のおかげであるというふうに、世間の恩を知っているから、世間に対して義理に欠けたり人情に反したりしてはならない、ということになる。これが義理人情という言葉になっているんだ。外国では征服ばかりされてきているので、恩を知るということはない。

質問にある信頼とか互譲互助とか和などは、外国には事実がなく体験がないんだから、わかりっこないよ。だから、そういう立派な道徳さえ対立闘争の道具に使おうとするんだ。かい、かい、かくれみのどころか、和と互譲互助の精神で、あなた方の対立闘争が解決されましたということを、出光が現実に五十五年間示してきているではないか。体験のない外国人には実体をつくってみせる以外にはないよ。今、出光が第一選手でやっているから、日本人が早く本来の日本人に帰って、第二選手となってつづいてもらいたいと思うね。

34　宗教は阿片か

質問　マルクス主義では、「宗教は他人のための永久的労働によって、困苦と孤独とによって抑圧されている人民大衆を、至るところで重圧する精神的圧迫の一種である」（レーニン）と言い、また「宗教は一生涯働いて苦しみ抜く人間に対しては地上における屈従と忍耐を教え、天国の報いの希望をもってなぐさめる」（レーニン）と言い、マルクス主義が目的とする無階級社会への実践運動にとって、宗教は、人間の目ざめた知性を眠らせる「阿片」であるというわけです。確かに宗教の歴史とか社会的役割というものを見ますと、そのような面も認められます。マルクス主義者が宗教を「阿片」として非難したのは、彼らの目撃した当時のキリスト教が、社会の発展にとって有害な働きをしていたからだと考えられます。

一方、店主は個人の修養、心の満足などの重要性を強調され、それには日本の宗教が大きな役割を果たしてきたと説かれています。しかし実にその点こそ、マルクスの批判したところなのですが、これについてどう考えられますか。

出光　過去において資本家が宗教を利用したようなことがあったかもしれない。しかしそのことと、宗教の本質・根本とは何ら関係ないよ。宗教は特定の階級のためにあるものではなく、全人類のためにあるのだ。これは仏教でいう地獄・極楽を考えてみるとわかるのだが、誰でも善い行ないをすれば極楽に、悪いことをすれば地獄に行くというように説いているだろう。こんなふうに、人間の心のあり方を、全人類のためにわけへだてなく説くものが宗教だよ。キリスト教もそうだろうと思うね。マルクス主義の宗教に対する見方は、少し理屈にとらわれすぎて、人間が心の底に求めるものを無視してはいないかね。宗教によって人類を平和と幸福へ導くようにすることは尊いことだし、当然のことなんだ。マルクス主義の言い分を聞けば、反対に、宗教が彼らにとっていかに脅威となっているかがわかりはしないか。

マルクスの場合は対立闘争の戦場だからね。戦場ではなにを言うかわからんよ。仲良く平和に暮らしている世界の側から見れば、なにを言っているのか、ということになる。戦術としては、そういうことを言ってもいいだろうが、それにしても宗教を阿片とはひどいね。

質問　今、ソ連では教会制度や礼拝を或る程度許していますが、これは宗教に対する一つの戦術と考えられます。しかしマルクス主義が宗教を本質的に認めないことに変わりはありません。マルクス主義では、神というものは、たえず圧迫されて生活の不安とか危機にさらされている人間が頭の中でつくった偶像である、というように考えています。ですから、そういう不安とか、生活の危機とかがなくなれば、もはや神とか宗教といったものによりかかる必要はなく、したがって神とか宗教の存在理由がなくなって、必然的に消滅せざるをえないというわけです。要するに神が実在しているとは考えないわけで、あくまで人間の精神現象の一つの産物である、というふうに考えるのです。

出光　それについてはあとで述べることとして、日本の神と西洋の神とは全然異なっている。日本の神はわれわれの祖先であって、偶像でもなければ宗教でもない。われわれの祖先が、無欲・無私で平和に仲良く暮らすあり方を実際に身をもって教えられた。そういうありがたい祖先を神として祭っているのであって、宗教でもなんでもない。そういう平和と福祉の実体を示され、千年ばかりたったところに、仏教とか儒教などが中国から入ってきた。そしてその平和の実体に対して字句とか理論をあてはめたということなんだ。言い換えれば、マルクスの目指す平和と福祉が、仏教の入ってくる千年も前に日本にあったということじゃないか。仏教によって教わったのでもなければ、儒教によって教わったのでもない。千年前から実体があったというのがほんとうだ。そして仏教そのものは、日本の平和の国体に抱かれて発達すると同時に、日本の国体を磨きあげて日本の宗教の中心になったということだ。

ところが西欧では、我欲・利己にもとづく対立・征服の形をずっとつづけてきているので、国民からみて、征服者は尊敬に値いしない。圧迫ばかりされておったので、尊敬するどころじゃない。しゃくにさわる。そこでなにか哲学を神髄としたような、天にまします神様を念ずる以外にないじゃないか。

日本には無欲・無私の神の教えを実行した祖先があったので、哲学・哲理を偶像とするような神は必要なかったということだ。ということは、平和にしあわせに暮らすということが思想であり道徳であり、すべてなんだが、それを実行した祖先が日本にあるから、天にまします偶像は要らない。ところが外国はそういう実行者がないから、平和・福祉の哲学や偶像をつくったということじゃないかね。

そこで面白い話がある。終戦後、占領軍の或る大佐がぼくの疎開していた世田谷の小さい家に来て、ベランダで二人で話していた。すると、ひょっと、こういうことを言い出すんだ。「出光、お前は宗教を二つもっているのか。こちらに神棚があり、あちらに仏壇がある。二つもっているのか」というわけだ。そこでぼくは「それは違う。神棚はわれわれの祖先を祭っておるのであって宗教ではない。仏壇のほうは宗教だ。日本人の家では、いかなる宗教の家にも神は祭ってある。それを占領軍が来て日本の神社を宗教としたために、日本人は大変迷惑している」と言ったら、それは非常にいいことを聞いたと喜んで帰って行った。

それで早速、占領軍の教育局長に話したらしい。そのときちょうど宗像神社が社領を没収されようとしているときだったが、そのお蔭で没収されずに済んだというような裏話があるよ。アメリカ人でも説明するとわかる。そういうことで、日本の神社というものは宗教でないとなれば、宗教法からはずさるべきものだけれども、どうしても政府がやれないね。

それから伊勢神宮は、皇室の祖先を祭っておられるから、国家がこれを歳費で祭るのは当然だね。それを今は宗教にしているから、伊勢神宮は国費でみないということになっている。そのため十二年前に御遷宮があったときは、十億円近くかかったが、政府はむろん、伊勢神宮が宗教法人だからどうこうするわけにはいかず、全国民の力をあわせて御遷宮の大式典をやった。国民が盛り上がっているから楽々と資金も集めることができた。これは国民の総意だよ。国民の総意によってやるので、いかに占領政策によってこれを圧迫しようとしても駄目だ。以前は伊勢神宮は皇室の祖先だから、国民が祭るということは許されなかった。国民は礼拝するとかお神楽《かぐら》をあげる程度のことは許されておったけれど、おさい銭をあげることは許されていなかった。それを国民が金を出して行なったわけで、もう全然皇室の祖先の祭り方が変わってしまった。これは日本の神が宗教にされたから、そういう妙なことが起こってきているわけだ。それなら国民の祖先はどこかというと、宗像神社だね。ここではあまり関係がないから話さないが、とにかくそういうわけで、日本の神は宗教ではない。平和・福祉のあり方を教えられた祖先を祭ったのが日本の神であり、そこに日本の神の特異性と尊さがある。これを国民が忘れさせられておるということは、残念なことだね。

質問　そうしますと、共産主義社会になって私生活に不安のない、平和な社会になれば、宗教なんて自然になくなっていくというマルクスの見方については……

出光　どこまで行ったって、それは「物の国」の考え方だ。ぼくがかねて、人間は神とけだものの合の子と言っているように、人間は放っておけば動物だよ。我欲・利己ばかり発達する。それを無欲・無我のところに引っぱって行く、そこに人間の尊厳が出てくる。そこに宗教・教育・修養ということの大切さがある。「物の国」は心のあり方を知らないので、「物の国」の人として、そういう宗教など自然になくなるなどというううぬぼれた考えをするんだ。人間はそんなものではない。放っとけば、けだものになる。これをなんとかして、いいほうに導くということを忘れてはいけない。その意味で共産主義は人間性を知らないんだ。ただ、物を与えればいいというだけで、人間というものを知らないから、こういう間違いを起こすんだ。

35　マルクス主義と私の全体主義

質問　一般に全体主義と言えば、一部の独裁者によって国民の利益や生命が犠牲にされ、強力な官僚制によって支配統制され、また対外的には侵略性をもった政治の姿と考えられています。そういう意味での全体主義は、マルクス主義者もファシズムとして否定しています。

だが、彼らの考える勤労者階級を基礎にした独裁は、社会主義的な全体主義として、肯定します。それは個人主義を否定し、全勤労者大衆を基礎として、政治権力を集中して社会主義ないしは共産主義の建設に向かって一致団結、同志的結合によって進む行き方を指しています。店主は個人主義から全体主義へ、ということを言っておられますが、こういうマルクス主義の考え方に対して、店主の全体主義とはいかなるものですか。

出光　ぼくの全体主義はファシズムとは違う。そしてまたマルクス主義との根本的な相違は、マルクスはプロレタリア階級だけを考え、ぼくは人類全体を考えている。同志的とか階級的とか言っていては、全体の平和はなかなか達成できないよ。わがまま勝手すぎるよ。

質問　しかし、店主の言われる全体主義と共産主義は、一つのまとまった目的のために個人が尽くす、という点では似ていると思いますが……

出光　形の上では、全体と個人との関係については共産主義と同じようだが、内容は全然違う。ぼくの言う全体主義は、個人のエゴイズムを否定しているのであって、個人を否定しているんじゃない。個人としては修養・鍛練して人間として立派な強い個人になり、その個人が集まって全体をつくるときは、私心を去って全体の平和と福祉のために働くということだ。ところが共産主義の全体は、労働者階級という全体だし、個人もマルクスの育った西欧では、はじめから我欲・エゴイズム・利己というものからスタートしているので、どうしても我欲というものから離れることができないと思うんだ。日本は無我と無私の祖先から出発しているから、自分を離れるとか、無私になって全体のために尽くすとかいう民族性が出来上がっているんだ。

マルクスや西欧での全体と個人は、個人のための全体であるのに対して、日本では全体のための個人ということになる。こうしてみると、ぼくの全体主義と共産主義とは根本的に違うね。

七　マルクスと私

36　マルクスの二人の娘の質問

質問　マルクスの二人の娘たちが或るとき、次のような質問をしました。それに対するマルクスの答は、もちろん面白半分の答でしょうが、かえってマルクスの人となりを素朴に表わしているようです。それぞれの項目について店主のお答を願います。

項目	マルクス	出光
あなたの好きな徳	素朴	相手の立場を考えること
あなたの好きな男の人の徳	強さ	実行力
あなたの好きな女の人の徳	弱さ	まとめる力

あなたのおもな性質	ひたむき	外柔内剛
あなたの幸福観	たたかうこと	仲良くすること
あなたの不幸観	屈従	孤独
あなたのいちばん大目に見る悪徳	軽信	人間らしい過ち
あなたのいちばんきらいな悪徳	追従《ついしょう》	利己
好きな仕事	本喰い虫になること	働くこと
詩人	アイスキュロス、ゲーテ、シェークスピア	仙厓和尚
ヒーロー	スパルタクス、ケプラー	楠木正成
好きな格言	人間的なことで私の心をとらえないものはない	無私
好きな標語	すべては疑いうる	愛と信頼

37　マルクスの霊前への報告

質問　マルクス主義の考え方のいくつかの基本的な問題点に対して、店主の考えをいろいろお聞きしてきました。そしてマルクスの目指したものに達するのに、その手段はまったく正反対ですが、「ここに道あり」ということを店主自らの体験と事実によって示してこられました。そこで私たちが非常に興味深く感ずることは、マルクスが死んだのは一八八三年三月、明治十六年で、店主はその翌々年の明治十八年に生まれておられます。いつか店主は茶飲話で、「昔、或る人からあなたは何代か前のおばあさんの生れ代わりです」と言われたことがあると話されたことがあります。私たちとして、今度のマルクスと出光の比較をやっておりますと、両者がその出発点や目標などであまりに似ているし、両者の気魄とか反骨精神という面では、非常に相通ずるものがあるようにも感じたわけです。そこで面白半分に、マルクスが日本に生まれ代わって店主になったんじゃないかなどと話し合ったことがあるのですが……（笑）

出光　そのおばあさんの生れ代わりというのは、こういうことなんだ。何十年前になるかな、大阪の或る人がぼくの生年月日を聞いて、これは非常に幸運の生れだといって驚いたことがある。そしてその人がぼくの先祖の位牌を拝ませてくれといって拝んでいたところが、端座したおばあさんが、そこに出てこられたというんだ。そして「この方は非常な社会奉仕をやった人で、その人の徳があなたに伝わっている。もしあなたが悪いことをすれば、先祖の徳はあなた一代で消える、よいことをすればその徳はまた子孫に伝わっていく」というようなことを聞かされた。その後二、三年して、偶然に出光の本家の人に会ったが、その人が言われるには、昔、おるいというおばあさんがおられて、社会奉仕をよくやられて有徳の誉れが高かった。したがって出光家では女が生まれることを喜んだということなんだ。さっきの大阪の人と、この出光本家の人の話が偶然に一致したんだ。ぼくはその話を聞いて、有徳の行為がいかに大切かということを知らされたんだが、マルクスはこういうことをどう考えるだろうかね。

　そこで君たちの質問だが、ぼくがマルクスの生れ代わりかどうかは知らない。だがとにかく、ぼくが四十年前に共産主義が入ってきたときに、頭から否定せずに、そのいいところは採れと言っているのは面白いね。そう言ったのは、ぼくなりの信念から出ているんだが、偶然にもその資料が現在残っていたので君たちも興味あるだろう。

　ぼくは君たちから、いろいろマルクスのことを聞いて、マルクスを非難するよりも同情する気持のほうが強いね。マルクスは人類の平和と福祉を目指しながら、たまたま対立闘争の西欧の土地に生まれて、日本のような和の道を知らず、否応なしに対立闘争の道を歩かせられたんだからね。出光のあり方や日本の互譲互助・和の道などをマルクスが知ったならば、喜んだのじゃないかと思うんだ。

その意味で、今度の勉強を機会に、君たちは、出光はこうして仲良くしあわせに五十数年間やってきましたよ、日本には二千年も前からこういう和の道がありますよ、ということを、マルクスの霊前に報告したらどうだい。労働者階級のみでなく、全人類が仲良くしあわせにいく道があることをマルクスが知ったならば、きっと喜ぶと思う。

結び――マルクスの功罪と日本人の使命

質問　マルクスの思想は、現在、東西両陣営の対立という情勢の中で、一方の社会主義陣営の思想的・理論的支柱になっています。それは、はじめ労働運動、革命運動の指導理論であったが、第一次世界大戦中にはロシアに、また第二次世界大戦を通じて東欧八ヵ国、中国に社会主義政権をもたらしました。さらに自由主義陣営といわれる資本主義諸国内部でも、労働運動や社会主義ないしは共産主義政党の典拠・指導理論になっています。このようにマルクス主義が、その善悪はともかく、あるいは好むと好まざるとにかかわらず、世界に広く伝播し、その力は現実の変革力として作用しています。そこで最後に次の三つの質問をいたします。

質問（1）　このような事実を考え合わせて、マルクスが世界史の上に果たした役割を、どう評価されますか。

出光　今までにも再三言ったように、マルクスは資本家の搾取に反対して出発し、働く大衆のために尽くして、資本家の搾取を戒めた点は、マルクスの功績だと思うね。
　ところが一方で、マルクスはその目指す社会、共産主義社会をつくり出すために、階級闘争という手段を選び、そしてプロレタリアートのみの幸福を第一義的に考えている。平和と福祉を広めるのに一階級のみを優先させたり、平和と福祉を求めながら対立闘争を手段にするなどということは、木に縁《よ》って魚を求めるの類だ。
　今日の世界の行き詰まりは、対立闘争の思想の行き詰まりである。この行き詰まりのすべての責任をマルクスが負うべきだなどと言うつもりはないが、やはりマルクスの階級闘争奨励の考え方が相当の影響を及ぼしていると思うね。とくに現在のごとく、もうこれ以上対立闘争すれば、核爆発によって、いつ人類が全滅するかもしれないというところまで追いこまれているときには、マルクスの生まれた西欧の階級闘争・対立闘争の思想は、もう致命的な欠陥をもっているということじゃないかね。

質問（２）　マルクスの思想がこれほど全世界的に広がった理由をどう考えられますか。

出光　「物の世界」に対立闘争の思想が広がるのは当然のことじゃないかね。とくに戦後、交通が非常に発達して世界が狭くなったため、広まる速度も早くなったわけだ。もっとも、マルクスの思想が被圧迫者である勤労大衆の味方をしている点が、多くの人々の共感を呼んだことも否定できないだろうね。

質問（3） 日本人の和の道が、日本の、さらに世界の檜《ひのき》舞台に迎えられて、多くの人々の共感と理解を得るためには、どうしたらよいと思われますか。

出光 外国の「物の世界」と日本の「人の世界」とは黒と白の違いともいうべき、絶対に相容《あいい》れざる祖先から出発して、数千年の間の積み重ねによって出来たものだから、そこに越えることのできないギャップが出来ている。したがって「物の世界」の人に、日本人の和の精神とか、人を中心としてお互いに譲りお互いに助け合って仲良く暮らしていく道を、理論や言葉で言ったって、彼らには仲良く暮らしたという体験がないんだから、理解できるはずがない。しかも今度のような大戦争のあとは、知恵ばかりが急速に発達して、心は逆に退廃するのが通例だ。現在、その姿が世界的にはっきり出ている。したがって、日本の「人の世界」「心の世界」「和の世界」のあり方を、外国の「物の世界」「知恵の世界」「対立闘争の世界」の人々にわからせようとしても、なかなかできないと思うね。

しかし戦後、交通が急速に発達して世界が時間的に狭くなって、そこに百以上の異民族が雑居しているんだ。だから対立闘争して、うまく行くはずがない。ところが世界の現状は、対立闘争ばかりして、あちらで戦争、こちらでクーデター、という状態が年々激しくなり、今年などはまさに最高潮に達していやせんか。この状態がつづいていけば、核爆発というような兵器が出来た今日、もう人類は全滅以外にはない。だから、今日の人類に残された道は、この核爆発という他力によって人類が全滅するか、しからずんば人類が大所高所に立って仲良く繁栄していくという悟りを開くか、つまり自力で解決をつけるか、の二つしかない。もう中間の道はありえない。

それでは、人類が仲良く繁栄するには、どうしたらいいかということだが、今までのように、理論や理屈や主義・思想を論じていれば、微に入り細をうがって、ますますめんどうくさくなって、どうしたらいいか、わからなくなってしまうだけだ。だから、そういうものは、一度白紙にもどして、大所高所に大飛躍して、いかにして平和にしあわせに暮らすかということを、真剣に考えなければならない。もうそういう時代に入ったんじゃないか。

その場合に日本人の重大なる使命が出てくる。というのは、西欧の人が微に入り細をうがって、むやみやたらと、めんどうくさくするのとは反対に、日本人は、簡単な根本的なものをつかめと祖先から教わってきている。それが日本の和の道なんだ。

だから今、ぼくが言っていることは、外国色に塗りつぶされている日本人が、一日も早く本来の日本人に帰って、そして日本民族の仲良くする和の姿を、産業界のみならず政治・教育などすべての面に実際につくってみせるんだ。そうすれば、それを外国から見て、日本はどうしてあのように仲良くしあわせにやっているのか、という興味を抱いて、日本を研究しはじめる。そして外国人をして自ら悟らしめるようにすることだ。理屈や学問でいくら説明したって、それは理論闘争になるばかりで、絶対に理解させることはできないよ。

これは非常な難事業だ。まず現在の日本人が本来の日本人に帰るのにさえ、数十年かかるかもしれない。まして世界の人々をして日本人の和の道に引き入れるには、さらに、もっともっと年月を要するかもしれん。しかし人類全滅の危機に追いこまれているんだから、これはどうしても日本人がやらなきゃならんことだと思う。それを小さいながらも、出光がやっているんだ。ぼくが、日本人に帰れとか、日本人の世界的使命などと言っている所以も、そこにある。

ぼくは、もう八十を越したんだから、この大事業は君たち若い青年の務めだ。しかし案外早く夜明けが来るかもしれんぞ。この前のオリンピックで世界中の人々が日本を認識して、日本が非常に浮かび上がってきているからね。ぼくがいつも言う「真の闇夜は長いが、夜明けは早い」という、あれさ。日本人が自分の身を捨てて政治をやり、教育をやり、事業をやって努力していけば、案外早くパッと夜明けが来るかもしれない。マルクスの望んでいたことも、そこにあると思うね。

そこで、今度のマルクスと出光との比較研究を通じて得た結論を簡単にいうと、こういうことだ。

マルクスと出光は、その出発点・目標は同じでありながら、マルクスは対立闘争の道を歩き、出光は和の道を歩いた、というような、極端な正反対の姿となった。これはまったく、マルクスが我欲・征服・利己の祖先をもった対立闘争の西欧の土地に生まれたから、そういう階級闘争の手段を与えられ、出光は無欲・無我・無私の祖先をもった和の土地に生まれたから、人間尊重の道を歩いたということだろうと思うね。だから再三言ったように、マルクスが日本に生まれていたならば、出光のような道を歩いたかもしれないし、出光が西欧に生まれていたならば、マルクスのような道を歩いたかもしれない。

そういう結論を得て、ぼくが今あらためて痛感していることが二つある。一つは、日本の皇室・国体の偉大さということ、もう一つは、われわれ出光のあり方が非常に尊いものになってきたということ、この二つだ。

第一の日本の皇室・国体の偉大さということについては、もうぼくが何十年来言いつづけてきていることだ。ところが、戦後の日本人は自分の姿を見失ってしまっているので、ぼくがいかに皇室のありがたさ、国体の尊厳を説いても、なかなかわからない。ことに学者とか評論家といわれる人にわからない人が多い。しかし、もし皇室がなかったと仮定したら、日本はどうなっていただろうか。征服・革命の外国と同じになって、日本民族も物質を中心として対立闘争したり、権利や自由を主張して対立闘争する国民性になっていたに違いない。ところが、幸い日本では、何千年前かわからぬが、われわれの祖先が外国の祖先の我欲・利己とは正反対の無欲・無私の姿をとられて、平和に仲良く暮らすことを教えられた。観念的・抽象的な学問や理屈としてではなく、身をもって和の実体をつくられた。そういう実体が出来上がっているところに、仏教とか儒教などが入ってきて、平和の国体に抱かれて自らも発達すると同時に、日本の国体や民族性に理論や文字をあてはめ、磨きあげたということだ。この平和に仲良くするということが実行に移されてきたところに、日本と外国の根本的な違いがある。もっとも日本の祖先といえども、中には人間の矛盾性を発揮して、わがままされた方もあったかもしれぬが、それは何千年という長い間にはあるのがあたりまえであって、そのことによって日本の皇室が無我・無私の姿をとられたことが否定されるようなものではない。また平和な日本の歴史においても、戦国時代のごときものはあるにはあったが、これも一部の人が外国の征服者と同じように人間の矛盾性を発揮したということである。しかも戦乱は一地方にかぎられ、戦っているものは武士同士であって、一般国民は生命・財産の危惧を感じつつ毎日の生活をするなどということはなかった。

皇室と国民の心のつながりは、いかなる権力者でも断つことはできなかったし、この平和・福祉の中心である皇室を冒すというようなことは絶対に許されなかった。こういう平和の中心である皇室の姿を最もよく表わすものが、京都御所を見ればわかるように、無防備のお住まいである。外国のエンペラーやキング、日本の将軍などというものが、城壁の中に住んでいた姿とはまったく正反対である。無防備の皇室のもとに国民もまた無防備の生活をして、平和と福祉を楽しんできたというのが、日本の歴史のほんとうの姿だ。

そういう平和なしあわせな生活を送っているうちに生まれたのが、互譲互助・義理人情・義俠・恩などという日本人独特のあり方・考え方である。そして心を第一義にして、物を超越するという日本の民族性が出来上がった。そこに清廉潔白とか責任を重んずるということが、日本人の精神的バックボーンとなって、維新前においてはそれが武士道となり、明治時代には官吏・教育者に引きつがれて世界の垂涎の的になったということである。

マルクスがこのような日本の和の実体を知っていたら、はたして階級闘争の道を歩んだであろうか、というのが、ぼくの偽らぬ実感であるが、おそらくマルクスも全人類が仲良くするという日本の和の道を選んだのではないかと思うんだ。

次にわれわれ出光のことだが、日本人出光が創業以来五十五年間、ただ日本人としての道を忠実に歩いた結果、資本主義・社会主義・共産主義のいずれの主義にもとらわれず、四十年前にその長短を取捨選択して、仲の良い、力強い形をつくりあげているということは、これはもう非常に貴重なことだと思うね。ということは、出光は、小さいながらも、こうすれば愛によって平和に仲良く力強くいけますよ、という呼吸を会得して、その実体をもっているわけだからね。

そこで、われわれとしては、この実体・体験をもって、日本人および世界の人々に平和と福祉のあり方について示唆を与えなければならない、と思うんだ。かねがねぼくは、出光では石油業は手段にすぎないと言って聞かせているが、出光の真の目標は、この示唆を与えるということなんだ。この言葉は、君たちも知っているように、戦時中、軍と一部の官吏が人間を無視して組織倒れのことばかりやったのに対して、人間中心の出光の行き方をもって、国家・社会に示唆を与えよと言ったんだが、今はもう国家・社会というよりも、世界の平和と福祉のあり方に示唆を与えるというふうに、われわれの示唆のあり方も躍進してきていると思うんだ。君たち若い人たちが、そういう自覚をもって、石油業という手段をとおして、この尊い仕事を実現していってもらいたいというのが、ぼくの希望だ。

本書は、一九六六年に春秋社より刊行され、二〇一三年に新版となった同名書を文庫化したものです。

本書の歴史的価値、原本刊行当時の時代的背景、および著者が故人であることをふまえ、本文は原本のままとしました。

出光佐三—1885年、福岡県赤間村（現・宗像市）に生まれる。1905年、神戸高等商業学校に入学。1909年、同校卒業。酒井商店に入店。1911年、満25歳で独立。門司市に出光商会を創業。1940年、出光興産株式会社に改組、社長に就任。1972年、出光興産の会長を退き、店主に就任。1981年、95歳で逝去。

講談社+α文庫 マルクスが日本《にほん》に生《う》まれていたら

出光《いでみつ》佐《さ》三《ぞう》

2016年10月20日第1刷発行

発行者————鈴木 哲
発行所————株式会社 講談社
東京都文京区音羽2-12-21 〒112-8001
電話 編集(03)5395-3522
販売(03)5395-4415
業務(03)5395-3615
デザイン————鈴木成一デザイン室
カバー印刷————凸版印刷株式会社
印刷————凸版印刷株式会社
製本————株式会社国宝社

落丁本·乱丁本は購入書店名を明記のうえ、小社業務あてにお送りください。
送料は小社負担にてお取り替えします。
なお、この本の内容についてのお問い合わせは
第一事業局企画部「＋α文庫」あてにお願いいたします。
Printed in Japan ISBN978-4-06-281685-4
定価はカバーに表示してあります。

講談社+α文庫 Ⓖビジネス・ノンフィクション

君は山口高志を見たか 伝説の剛速球投手
鎮 勝也
阪急ブレーブスの黄金時代を支えた天才剛速球投手の栄光、悲哀のノンフィクション
780円 G 284-1

***二人のエース** 広島カープ弱小時代を支えた男たち
鎮 勝也
「お荷物球団」「弱小暗黒時代」……そんな、カープに一筋の光を与えた二人の投手がいた。
660円 G 284-2

ひどい捜査 検察が会社を踏み潰した
石塚健司
なぜ検察は中小企業の7割が粉飾する現実に目を背け、無理な捜査で社長を逮捕したか？
780円 G 285-1

ザ・粉飾 暗闘オリンパス事件
山口義正
調査報道で巨額損失の実態を暴露。ジャーナリズムの真価を示す経済ノンフィクション！
650円 G 286-1

マルクスが日本に生まれていたら
出光佐三
出光とマルクスは同じ地点を目指していた！〝海賊とよばれた男〟が、熱く大いに語る
500円 G 287-1

完全版 猪飼野少年愚連隊 奴らが哭くまえに
黄 民基
真田山事件、明友会事件――昭和三十年代、かれらもいっぱしの少年愚連隊だった！
780円 G 288-1

サ道 心と体が「ととのう」サウナの心得
タナカカツキ
サウナは水風呂だ！ 鬼才マンガ家が実体験から教える、熱と冷水が織りなす恍惚への道
750円 G 289-1

マイルス・デイヴィスの真実
小川隆夫
マイルス本人と関係者100人以上の証言によって綴られた「決定版マイルス・デイヴィス物語」
1200円 G 291-1

アラビア太郎
杉森久英
日の丸油田を掘った男・山下太郎、その不屈の生涯を『天皇の料理番』著者が活写する！
800円 G 292-1

男はつらいらしい
奥田祥子
女性活躍はいいけれど、男だってキツいんだ。その秘めたる痛みに果敢に切り込んだ話題作
640円 G 293-1

＊印は書き下ろし・オリジナル作品

表示価格はすべて本体価格(税別)です。本体価格は変更することがあります